Premio Latinoamericano de Periodismo José Martí 1990

DIARIO DE VIAJE...

crónicas – relatos - reportajes

Kintto Lucas

ISBN: 9781790878208

Primera Edición: CIESPAL, Quito, Ecuador, 1994.

El artículo **Un mundo ancho y ajeno. En las arroceras de Paso Pereira,** fue Premio José Martí de Periodismo Latinoamericano 1990 entre casi 1000 trabajos de diarios y revistas de América Latina.

El artículo *Las tribulaciones justicieras* fue realizado con el periodista Daniel Erosa.

A San Cono...

A mis hermanos: los que se marcharon y los que siguen peleando un lugarcito a la vida...

DIARIO DE VIAJE
crónicas - relatos - reportajes

Kintto Lucas

INDICE

La joda de los tu -tu empadronados en Flores.

Una historia de aves que no son patos.

Una vida ligada a la floresta.

Los vendedores de ilusiones.

Los uruguayos que no veranean en Punta.

Una devoción popular.

Reinventando la alegría.

Las tribulaciones justicieras.

Los "locos" invaden Lascano.

En Ismael Cortinas al estilo "Vicio en Miami".

Entre los menores y la Zona Franca.

El país de las lágrimas.

Los niños del azúcar.

Las marchas vienen del norte.

Así empezaron las cosas.

El corazón está á a la izquierda.

Paréntesis final.

Algunas palabras y siglas.
Acta del jurado del Premio José Martí 1990.

Un país OTRO

Eleuterio Fernández Huidobro

Uruguay

Tengo un reproche para hacerle a Kintto: yo le hubiera cambiado el título: Diario de Viaje (Descubriendo el OTRO Uruguay). Ese país Otro, desconocido y olvidado, postergado y escondido... con fría conciencia. Y que sin embargo es el país real, el de las inmensas mayorías.

La obra de Kintto es verdaderamente cultural por ser contracultural. En un mundo (y no solo en un país) donde la cultura y la historia oficial tergiversan y omiten, malversan y birlan, estafando el conocimiento de la pura realidad, el periodismo alternativo es imprescindible.

Nos quieren adulterar la conciencia en base a la fraudulencia basada en poderosos medios de propaganda masiva. Parece de locos - de una estirpe quijotesca - "atropellar", casi a solas, prácticamente inermes, ante tanta mentira amontonada.

Kintto pertenece a ese puñadito, "el Resto" del que nos habla la Biblia. La "inmensa minoría de la que, en otro orden de cosas nos hablara Juan Ramón Jiménez.

Si no fuera por estos periodistas trashumantes y marginados, poca esperanza, muy poca, quedaría. Pero ellos, milagrosamente, dan el testimonio. Hay una tozudez sagrada que, si miramos bien, no le pertenece a Kintto. Recurrentemente, a lo largo de los años y los tiempos, siempre hubo, siempre hay y ojalá que siempre haya, periodistas e intelectuales así. Son los del rescate. Los que por lo general pierden en el corto plazo pero ganan, fatalmente ganan, en el mediano y en el largo. La fórmula de su éxito es sencilla: mostrar la verdad. ¡Pero cuánto cuesta y duele tanta sencillez! ¡Qué temblor ocasiona en otros esa opción ante la encrucijada! ¡Cuántos halagos esperan, poco más allá, casi de inmediato, a la tribu de los que se venden! ¡Y qué fácil es venderse! ¡Con cuánta generosidad llueven los elegantes premios!

Digo que no le pertenece a Kintto aunque no sé a quién le pertenece. Como si un "algo" sobrenatural e imprevisto así lo determinara, la cuestión es que a pesar de todo, estos periodistas surgen y resurgen. Nunca faltan. Puntualmente concurren a la cita histórica. Como recogiendo la posta, serenamente y antes que la verdad se muera.

Tiene razón el autor: él no lo ha visto todo. Pero podríamos multiplicar su acción por la de muchos periodistas con vocación similar y por todas partes, el campo y la ciudad, fábricas y rancheríos, recogeríamos la misma cosecha: la de un pueblo y un mundo que contra todo lo imaginable sobreviven. La inmensa mayoría de América Latina y el Tercer Mundo. El Otro Mundo, el verdadero, al que en sin igual paradoja pretenden denominar "marginado" los escribas de la única y verdadera minoría marginada del planeta: la de los que viven bien.

Que este libro y este autor tengan buena suerte. Y que los lectores tengamos ojos y oídos para ver y escuchar.

El país de Kintto

Francisco Febres Cordero
Ecuador

Kintto Lucas salió de su país - un país otro - y ancló en el nuestro. Aquí lo conocí porque una mañana alguien lo envió a la redacción de HOY. Desde entonces resultamos compañeros.

Difícil tipo, este Kintto. No fuma. En vez de tomar café como todo ser humano, anda por la redacción con un termo bebiendo su mate amargo. Tiene el pelo largo, hasta los hombros, también. Y a veces llega con los ojos enrojecidos porque su hija recién nacida no le ha dejado pegarlos en toda la noche.

Y ahora, de pronto, sale con estas historias. Son historias de su país, dice. Y yo le creo: son tan raras todas ellas. No sé. De políticos aprovechadores, algunas. De unos japoneses que quieren comprarse la playa y dejar sin trabajo a los pescadores, otra. De autoridades corruptas y policías que torturan. De niños pobres y hambrientos. De unos campesinos que hacen huelgas y sienten el dolor porque se tala un á árbol. De artistas que montan un circo bajo una carpa remendada. Y así. ¡Cosas de su país! De ese país "otro" que es el de él. Quizás por eso sus reportajes se dejan leer como lo que son: pequeños cuentos que Kintto fue recopilando por ahí, en un largo viaje en que las gentes le fueron participando los sucesos cotidianos, después él los cotejó con la realidad, aumentó algo de su propia experiencia y los redondeó con el arte que tiene para narrar.

Son todos cuentos - reportajes insiste él - creíbles. Duros. Dolorosos. Aleccionadores. Y que al lector le causan rabia, hasta el extremo que quisiera que...

Bueno, pero ¿qué culpa tiene el lector de que en el país de Kintto (¡vaya nombrecito!) hayan pasado estas cosas? ¿O sigan pasando? ¿Cómo - se preguntará - no hay alguien que ponga freno a tanto abuso, a tanta injusticia, a tanta prepotencia de los poderosos? ¿Cómo? ¡Tal vez será porque todo eso que cuenta está tan lejos, allá, allá, en el campo!

Pero además de la utilidad que nos reporta saber las intimidades interioranas de ese país otro, el libro nos muestra que el periodismo ejercido así como lo ejerció Kintto, no es un género menor. Solo es cuestión de tener la oportunidad - esa gran oportunidad que tuvo Kintto - de habitar un territorio en que a los campesinos los políticos les ofrecen durante la campaña reconstruirles su vida y a la hora de las decisiones no les cumplen. Y no solo eso sino que, además, les despojan de su tierra, les restringen sus fuentes de trabajo, les explotan.

Periodísticamente - hay que reconocerlo - Kintto fue un afortunado. Con ocasiones así, cualquiera puede narrar esos sucedidos con esa furia, con esa entrega, con esa entereza, con ese valor.

Solo es cuestión de que nos saquen de este medio en que todo es armonía, de esta ciudad dormida, de este Ecuador tan perfecto e igualitario, y nos pongan por unos días en el país de Kintto. Entonces haremos un gran libro. Por lo menos igual que éste.

INTRODUCCIÓN

No hay periodismo sin moral. Todo periodista es un moralista. Es absolutamente inevitable. Un periodista es alguien que mira el mundo, su funcionamiento, que lo vigila cada día desde muy cerca, que lo ofrece para que se vea, que ofrece para que se vuelva a ver, el mundo, el acontecimiento. No puede llevar a cabo ese trabajo y a la vez no juzgar lo que ve. Es imposible. En otras palabras, la información objetiva es una añagaza total. Es una mentira. No existe el periodismo objetivo. (Marguerite Duras)

Como bien lo dice Marguerite Duras, no existe periodismo objetivo, y partiendo de esa base es que he escrito para diferentes periódicos y revistas de América Latina y Europa. Mis artículos siempre estuvieron comprometidos con la realidad que describían. Tal vez unas veces más que otras. Quizás en determinados momentos el apasionamiento fue mayor, pero nunca mis artículos fueron neutrales. No pueden serlo desde el momento que para mi escribir no es tan solo una profesión sino un acto de creación en el que pongo todos mis sentidos.

Existen dos placeres irresistibles en mí: escribir y hacer el amor. Escribir es una forma de hacer el amor. Y rescatar estos artículos sobre distintas realidades del interior uruguayo es también una obligación desde que esa parte del país a la que pertenezco, siempre ha sido olvidada por la capital.

Se intentó establecer el orden de los artículos por temáticas semejantes, pero no esquemáticamente. Se prefirió obviar el orden cronológico porque la realidad que pintan los artículos puede haber ocurrido antes del tiempo en que fueron escritos, puede ocurrir en su tiempo, o puede seguir ocurriendo.

Si bien estos artículos fueron escritos en el periodo de un año, cuando me dedique a recorrer el país para la Revista Mate Amargo de Montevideo, no hay duda que la realidad traspasa los tiempos.

Seguramente muchos aspectos de los diferentes departamentos que visité escaparon a mi observación; en parte porque los días siempre son pocos, en parte porque mi atención muchas veces se dispersó en acontecimientos que para muchos capitalinos parecen historias fantásticas y sin embargo son simplemente una partecita de la vida cotidiana de este país; en parte porque el trabajo periodístico me imponía su ritmo... Ahora, a punto de salir rumbo a Montevideo por trigésima vez en doce meses, me surgen deseos de escribir sobre lo que no vi en su momento, pero que sin embargo percibí, así como lo que fue cambiando respecto de las primeras imágenes recibidas en cada lugar...

Y así, despertando antes de dormir, insomne a la
fuerza por el viejo vicio de ser poeta en cada viaje y
escribir hasta la última esquela, a pesar de la luz tenue y
avergonzada que surge del techo, el amaquear continuo o
la frenada repentina. El pensamiento se hace
caminamundos y las sensaciones no tardan en tomar
formas, me pierdo en mil detalles que voy integrando uno
a uno y surgen nuevas palabras, frases, decenas de hojas
escritas que dan salida a muchas memorias. Regresan y me
piden que las recoja, que no las olvide... ahora en la noche
obsesiva retornan la fonética de cada rincón, los aromas y
colores... Y así, como si no tuviera nada más en que
pensar, y ciertamente no tengo, conjeturo que la realidad
del interior uruguayo no es sólo desconocida sino evitada
por los montevideanos.

De una cosa (como si los diferentes planos se
mezclaran) salto a otra impulsado por el insomnio, con la
misma volubilidad con que muchos políticos (y los
pronósticos del tiempo) presentan las cosas: "difíciles pero
mejorando".

En cada viaje traté de redescubrir un horizonte,
encontrar un destino; revivir esas historias que me llevaron
hacia una esquina de la realidad, hacia un pequeño
costado... donde viven mil rostros y miradas... la paciencia,
la humildad y la fuerza de las palabras... Otro país...

En estas páginas se resumen determinadas vivencias...
algunas memorias hilvanadas por una misma geografía... el
eco de voces olvidadas...

UN MUNDO ANCHO Y AJENO
En las arroceras de Paso Pereira

A mediados de la década del cincuenta un militante socialista llamado Orosmín Leguisamón se instaló en la cuenca arrocera de Treinta y Tres. De su incursión en la zona se originó el Sindicato Único de Arroceros –SUDA - , una huelga pionera en el medio rural y posterior marcha hacia Montevideo. Por aquellos días la peonada padecía un trato poco conocido en la capital: hundida sin botas en las tapias, "comida" por las sanguijuelas, cobrando en bonos de cartón solo aceptados en la cantina de la empresa, agobiada por el frío en ranchos. Por entonces intentando mudar de suerte llegaban cientos de brasileños, cambiando miseria por sobrevivencia. Con Orosmín los peones comenzaron a tener conciencia y cuando sintieron la fuerza que les daba la sindicalización, se largaron a la huelga... Habían descubierto un camino para reivindicar sus derechos. A pesar de patrones, capataces y policías.

Treinta años parecen bastantes como para que hubieran cambiado las cosas... un poco por lo menos. Sin embargo la situación sigue parecida. Luego de varios días de viaje en bote por el río Negro y de unos cuantos quilómetros a pie llegamos a las arroceras de Paso Pereira, ubicadas entre los departamentos de Durazno y Cerro Largo. Estuvimos en las chacras mientras se araba, comimos al pie del tractor en las horas libres, nos cobijamos en un rancho por la madrugada, anduvimos por el secador y el silo.

Para que los patrones no nos descubrieran charlamos con los peones en el monte, nos escondimos entre ñapindaces, sauces y coronillas... Y así tal vez en parte, palpamos que la vida de los hombres del arroz cambió muy poco en el correr de tres décadas. Decenas de brasileños siguen llegando, para ganar apenas 27.000 pesos mensuales, vivir en ranchos miserables o carpas, trabajar jornada de diez horas sin días libres ni licencias... A pesar de saberse explotados, nos encontramos con trabajadores uruguayos que no tienen mucha idea de lo que es un sindicato, esperan algún milagro de los políticos y culpan a los "brasiles" de todos sus males. También descubrimos que plantadores norteños arriendan las tierras de latifundistas uruguayos para luego venderles la cosecha... Percibimos la unión de los patrones y su falta entre los trabajadores. Tales son parte de ese otro país en el que contrabando, latifundio, miseria, políticos y policías se confunden; de ese rinconcito donde la tierra es trabajada por los parias anónimos de la campaña; los Juan Sin Tierra de este Uruguay que se nos va quedando desierto; de ese mundo ancho y ajeno que la capital sigue desconociendo.

UNO

Luego de algunos días de navegación por el río Negro, luchando contra la correntada y el viento, el bote ya está atracado contra un sauce caído en El Polanquero. La fragancia de los espinillos inunda la tarde mientras los chingolos retozan entre las coronillas y el sol, suspendido en el silencio, se va ocultando tras el monte. En pocos minutos el campamento está pronto.

Son las cinco de la tarde. Antes de que oscurezca tendremos que partir caminando rumbo a las aripucas ubicadas a tres quilómetros en las que paran algunos trabajadores de las arroceras de Paso Pereira. Hasta hace un mes atrás, Gadea, nuestro guía, vivía en esas chozas. Había entrado a trabajar en la zona en julio de 1988; primero en el secador, cargando bolsas y clasificando semillas, rotando después por varios lados hasta que un día (hombre de pocas pulgas Gadea) tuvo una discusión muy fuerte con el capataz y lo mandaron a cuidar los chanchos. Finalmente lo echaron. "Yo veía que a los uruguayos nos trataban bastante mal –comenta. A mí, estaban buscando por todos los medios para echarme. Un día le dije a otro criollo que debíamos hablar con el PIT - CNT, pero no quiso. Me quedé callado porque me imaginé que podía ser un lambeta… Ya en ese tiempo pensaba denunciar la situación de las arroceras. No puede ser que habiendo tantos criollos, precisando trabajo, traigan extranjeros cobrando una miseria… buscaron una excusa y me corrieron".

A las siete de la noche pasamos por el ranchito en el que paran algunos peones pero no hay nadie. Seguimos hacia donde vive Melo, un peón que desde hace años trabaja en la arrocera. La vivienda de ladrillo con techo de quincha nos brinda calidez. Desde una vieja radio a batería que en algún momento perteneció a un Plymouth, se siente bajita la voz de don Atahualpa Yupanqui: "Las penas y las vaquitas se van por la misma senda/las penas son de nosotros, las vaquitas son ajenas". "El arroz también es ajeno", pienso. La noche está fría. En el fogón arden las brasas de coronilla. Mientras comemos un guiso de arroz hecho por Gadea, charlamos un poco con Melo. Nos cuenta de su pueblo. Paso Pereira, de sus entrenamientos, del fútbol y del boliche. "Alguna copa tomamos –dice, cada tanto… hay que olvidar las penas… Pero sólo una copita de vez en cuando, ¿eh?. Un poco cansados, aceptamos su ofrecimiento y nos quedamos a dormir en el rancho. A las nueve del día siguiente estaríamos marchando hacia donde trabajan algunos brasileños.

DOS

Después de atravesar tres quilómetros por tierra arada bajo un sol bastante fuerte, llegamos a las dos covachas donde paran Jaca, Iván, Altair, Quico y Adailson, dos uruguayos y tres brasileños. Altair, que hace horario nocturno, está durmiendo mientras Iván, a quien hoy le tocó cocinar, se dedica a esa tarea. El calor parece derretir el terrón de las paredes.

Poco antes de las doce comienzan a llegar los tractores con los peones que se encontraban arando. Su horario es de 7 a 12 y de 13 a 18. El trabajo de estos días es muy arduo, en una semana tiene que estar todo pronto para empezar a plantar. Con las caras tiznadas y sucias por la tierra enfilan hacia una pequeña zanja que está al lado de los ranchitos, se lavan la cara y se aprestan a comer.

Los facones relucen en sus cintos. Nos llevan a
revolver; cuando están trabajando, generalmente lo dejan
en las chozas. Uno de ellos nos muestra su Taurus recién
traído de Brasil: "Está noviño" dice, mientras retira las
balas. Terminan el primer plato y se sirven nuevamente,
pero la comida es poca y no da para repetir a gusto. Todos
son jóvenes, el más veterano tendrá unos treinta y dos
años. Cuesta entrar en confianza, hablan poco, en sus
rostros se nota cierto temor a ser denunciados. Cuando
comenzamos a hablar en portugués se sueltan un poco,
pero la desconfianza sigue y se mantienen a la defensiva…
Vienen de diferentes lugares de Río Grande do Sul y están
en Uruguay desde hace varios años.

Adailson es quien más conversa: "Eu gosto mucho da
campaña –dice. Me crié na cidade pero gosto mais do
campo. Cuando voy a Dom Pedrito enseguida quero voltar
para aquí. Si nao fose por miña familia, nem iba". Los
otros lo retrucan: "Tu vem a trabalhar o te traem a forza".
Aunque suena a broma, algo de cierto hay en la respuesta:
Adailson es cuñado de Luis Vargas, uno de los patrones, y
según comentarios no hay buena relación entre ellos. Es el
más joven del grupo y parece no estar contento de trabajar
en la arrocera; aún cuando no lo dice, algo de eso se
percibe en su forma de expresarse. Hace cinco años que
está en Uruguay y los dos primeros trabajó en la chacra
que Vargas tiene en Jaguarí, viviendo en una carpa. Fueron
épocas muy duras.

TRES

El diálogo surge después de un largo silencio.

Gadea – ¿Tu hermano no va a trabajar este año?

Adailson – No va a venir más (lo dice con pesar, luego baja la mirada).

Gadea – ¿En Mazangano y Jaguarí van a plantar?

Adailson – En Mazangano es posible porque se tira agua do río Negro;

 en Jaguarí hallo difícil, nao tem de onde tirar agua…

Quico – En Tupambaé también está difícil de plantar por la seca.

Gadea – ¿Sigue habiendo gente en esos lugares?

Adailson – Sí.

Gadea – ¿Uruguayos y brasileros?

Adailson – Sí.

Luego todos miran hacia el suelo. No quieren hablar del tema… Según comentarios, hay varios brasileños trabajando en Tupambaé, diez en Jaguarí y veinte en Mazangano. Intentando cortar el silencio que se crea, largo una pregunta:

- ¿Los tractores y la maquinaria son brasileños?
- Si, pero son importados (responde al unísono).
- ¿Compran algo en Uruguay?

- Nao sei, hallo que sim, responde Altair.

Quedan nerviosos, y más desconfiados. Jaca e Iván son los uruguayos del grupo y como Melo, conversan poco… De tanto convivir con brasileños Jaca habla un portugués fluido, Iván no lo logra.

Mientras Adailson revisa el tractor con el cual trabaja, Quico pone gasoil en el suyo. En pocos minutos seguirán trabajando. Hay cierta tristeza marcada en sus rostros ya curtidos a pesar de su juventud… una disconformidad oculta en sus ojos. Todos se parecen, entran de contrabando para trabajar todo el día y cobran una miseria: 27.000 pesos que se les irán en la cantina. Todos se parecen… los uruguayos también…

El sol ya calienta al máximo. Vamos nuevamente rumbo a lo de Melo. Cuando llegamos al rancho nos refugiamos a la sombra de un paraíso. Al poco tiempo aparece Jorge, otros brasileño "Hace dos años que estoy aquí. Sou natural de Formigueiro, no Río Grande. Minha familia está no Brasil. Eu me casei com una uruguaia. Nao pensó voltar, o salario mínimo allá está muito bajo. La, eu trabalhaba na misma coisa, pero um amigo falou com Vargas y ele me procurou para venir a Uruguay. Tengo cuatro días libres ao mes para visitar a familia. Todavía nao tuve licencia pero el año pasado pude pasar navidad no Brasil". Queda pensativo, luego dice: "El 31 y el 1 tuve que trabalhar".

CUATRO

Allí nomás entre los sauces criollos, las coronillas, las embiras y los sarandíes nos reunimos con varios trabajadores de la arrocera. Mientras el mate corre de mano en mano, el fuego calienta el "encofrado" e intenta cortar el frío. Se escuchan algunos truenos y descargas eléctricas. Hay una radio bajita, de fondo, de la que, increíblemente, se escucha "A desalambrar". Su significado se mezcla con el comienzo de la conversación…

- A los lados del río Negro hay varios propietarios brasileros. Los campos que eran de Peinado, cerca del Rincón de Pereira, pasaron a mano de brasiles con plata y la estancia Santa Lucía, que también está sobre la Ruta 6.

- Mientras no empiecen a traer brasileros para trabajar como los Vargas…

- Si nosotros vamos a trabajar al Brasil nos corren a patadas; pero a ellos no les dicen nada.

- Los brasileros vienen a ganar dos pesos y a vivir peor que los chanchos… A éstos por lo menos les hicieron chiqueros nuevos.

- Son unos carneros muertos de hambre, porque cuando hablamos con ellos para combinar y hacer algo, dicen que los pueden correr. Como para no tenerles bronca: nos sacan trabajo y todavía no quieren juntarse para luchar con nosotros. Todo se nos hace difícil porque son la mayoría de los que trabajan.

- Pero la traída de brasileros es desde la época de Silva…

- Silva los sigue trayendo. Ahora nomás en lugar de contratar dos albañiles uruguayos para hacer las casas y los galpones trajeron brasileños…

- En radio Zorrilla de Tacuarembó hicieron una denuncia sobre la traída ilegal de brasileros, pero después quedó todo quieto. No pasó nada.

- Cuando va a caer alguna inspección les avisan y los esconden en los montes pa'que nos los encuentren.

El fuego proyecta en luces y sombras un espíritu predispuesto a colaborar con a escena. Hay mucha bronca en las miradas. Los rostros hablan de indignación. Piensan en que va a salir una nota sobre la arrocera en una revista de Montevideo y crispan sus puños y sonríen. Tienen rabia a los brasileños, y no se dan cuenta que son tan explotados como ellos. Sus figuras y sus voces sufren las transmutaciones de su emoción. Luego de un silencio les preguntamos si han intentado hablar con los norteños.

- Con algunos sí porque son gente.

- Hay que ver como son las carpas en las que viven en Jaguarí, qué lamentables.

- ¿Y ustedes se han unido alguna vez?, les pregunto

- Antes nosotros cobrábamos por hora; cuando vinieron los Vargas, resolvieron comenzar a pagar por mes. Sacaron un promedio entre lo cobrado por peones comunes y especializados, y en ese cambio retacearon un sueldo que siguió un tiempo atrasado, y se comieron un aumento que nunca pagaron. La gente se juntó para protestar, pero como es muy humilde se dejó pasar.

- La otra vez que nos juntamos fue cuando el problema de las diez horas. Había un compromiso con los patrones de trabajar diez horas para que los días de lluvia no fuera necesario presentarse, pero el encargado no quiso reconocerlo nos juntamos todos. Claro, después algunos cumplieron y otros no.

- A muchos nos descuentan para la asignación y no estamos en ninguna planilla. Un compañero un día fue a ver y no figuraba en ningún lado, sin embargo le descontaban del sueldo. ¿Quién se quedaba con esa plata?

- Cuando lográs que te den una licencia, te cuentan como días válidos sábados y domingos. Dos por tres nos estafan. En las otras arroceras pagan más, pero están muy lejos.

- Nosotros cobramos casi el triple que los brasileros y no da para nada… que vamos a hacer!... trabajar así duele! Pero si no vamos, ¿dónde conseguimos trabajo?

- Yo no me voy antes de que me echen y me paguen despido.

Gadea – A mi hace ya un mes que me echaron, pero me pagaron todo; hasta el seguro tenía cuando trabajaba, porque sabían que yo protestaba. Gracias a eso, cuando me agarré la congestión pude ir al médico en Santa Clara de Olimar.

- Lo del médico es otro problema: primero que el único que hay está a 90 quilómetros de aquí, en Santa Clara; segundo porque los que no estamos en planilla tenemos que sacar de nuestro bolsillo cuando nos enfermamos.

- Hace poco Vargas echó un muchacho que hacía un año estaba trabajando sin figurar en planilla. No le querían pagar nada pero puso un abogado y le pagaron hasta lo atrasado.

- Y Silva echó a otro que estaba lastimado, mientras no estaban los Vargas, pero le pagó el despido.

Gadea – A mi me querían descontar diez días de licencia y yo nunca falté. Eran los días que fui a votar a Montevideo el plebiscito. Al final Luis Vargas dijo: "Si nao tomó, nao tomó, paga tudo".

- A Iván le descontaron en la licencia, el 25 de agosto y todos los domingos.

- Cada tres aumentos que decreta el presidente, a muchos nos pagan uno.

- Melo, otro compañero, que tampoco estaba en planilla se lastimó y no podía ir al médico; tuvo que poner de su plata para arreglar la situación.

- Al "Sapo" también lo echaron. Era ayudante de mecánico y ganaba 40 mil pesos. No le pagaron ni despido al pobre. Se fue malo, dijo que iba a hablar con el ministro Zerbino.

- ¡Así le va a ir! A Márquez también lo corrieron, es brasilero pero un pingazo… estaba con nosotros. En realidad, hacía tiempo que quería irse porque no aguantaba más.

- Juancito también se fue. ¡Qué gurí guapo aquel!, tenía 16 años y trabajaba en el tractor desde los 14, ganando medio sueldo porque era menor. Trabajaba más que un mayor y todavía hacía de mecánico.

Gadea procede a tomar un mate despaciosamente y luego de sacarle dos o tres chasquidos comprobadores de su total absorción, sin levantar la vista continúa:

- Yo me acuerdo de cuando echaron un criollo usando como excusa que se le había terminado el gasoil y se había olvidado de comprarlo; sin embargo, media hora más tarde llegó Adair, un brasileño a quien le había pasado lo mismo, y no fue echado. Hay preferencia.

- Miguel, el bolichero, que es camionero de la empresa, a porcentaje, estuvo sin cobrar licencia cuatro años con Silva y dos con Vargas. No le querían pagar y se fue a Montevideo, al Ministerio. Habló y habló pero no consiguió nada. A los meses, después de hablar con Vargas y Silva varias veces, logró cobrar.

- Ahora se dice que van a "correr" un lote de uruguayos porque no van a plantar todas las chacras debido a la sequía.

- Otra que nos hacen es pagarnos con veinte días de retraso. Mientras tienen la plata en el banco.

- ¿Cuántas hectáreas tiene plantadas Vargas?, pregunto.

- En el momento 1100 hectáreas acá en Rincón de Pereira, unas 400 en Jaguarí, 200 en Mazangano y 300 en Tupambaé.

- De los uruguayos, ¿cuánto gana el que tiene mayor salario?

- Unos 70 mil limpios por mes. Pero la mayoría no tiene descanso semanal. Y a cada rato está el capataz controlándonos y buscando problema.

- Los Vargas traen todo de Brasil. Un día habían traído unas latas de aceite para motor y alguien dijo que iba a denunciar, entonces llevaron todo para Durazno y enterraron las latas vacías.

- En Mazangano una vez los milicos fueron a prender a Fabián que traía dos cisternas de gasoil para ellos, les dieron unos pesos y enseguida dieron vuelta.

- Si alguien va a Melo a denunciar, los mismos políticos le dicen que deje todo quieto. En estos rincones está todo comprado. Los "grandes" están con ellos y los que nos jodemos somos nosotros.

- Si uno trae un quilo de azúcar le sacan todo. Ellos traen todo de allá, hacen la plata acá y después se la llevan para gastar en su país.

- Seguramente no pensaba encontrar este país nuestro... Nadie imagina que existe.

Y allí terminaron la charla con respecto a la arrocera. Después, mientras comíamos el "encofrado", casi sin pensar surge en la rueda la posibilidad de conformar un sindicato que se preocupe por la suerte de los trabajadores del campo. Se interesan, creen que puede ser una salida… preguntan… Les gusta la idea, sonríen… Y así, como de paso, sobre el farol que ya se apaga, al lado de alguien que arma su cigarro lentamente, surge el rostro de Raúl Sendic…

Poco a poco las voces se van acallando, hay que empezar a marcharse. Mañana a las siete, nuevamente, hay que estar firme en la chacra… Comemos algo y volvemos al campamento. Al otro día temprano iremos en el bote rumbo a la chacra de El Cordobés donde también se planta arroz.

CINCO

La correntada nos lleva contra los troncos. Gadea lucha hasta el cansancio, las paletas de los remos se hunden frenéticas en el río embravecido. El viento arrecia y el sol quema los rostros. Sus manos en los remos son una sola pieza. Luego de mucho luchar, a las 11 estamos atracando a cinco quilómetros del pueblito de la arrocera: Establecimiento Agropecuario de Carlos Gilberto Silva, ubicado en el departamento de Cerro Largo.

El caserío fue construido por el propio Silva hace diez años, para que vivieran los trabajadores de la arrocera y del sector pecuario. Está sin terminar, pero tiene unas doce casas, la cantina, el taller –con gran cantidad de maquinaria y vehículos - , el secador de arroz, los silos y otras edificaciones. De pasada nos cruzamos con el capataz, revólver al cinco y mirada seria, quien nos saluda sin problemas. En los talleres hay varios automóviles con chapa brasileña y cartel de turista, sin embargo la mayoría del año permanecen en Uruguay.

En la cantina del pueblito de la arrocera conversamos con Antonio, de 16 años, quien comenta: "Hace unos años había un tal Zoilo de administrador en lo de Silva. Nosotros –yo y mi hermano - teníamos dos caballitos para ir a la escuela. Veníamos desde allá arriba y cuando pasábamos por acá nos chillaban porque decían que los caballos metían la cabeza en los alambrados. Entonces los agarraron y los llevaron para la comisaría de la Cuchilla del Carmen… y allá tuvo que ir papá. Volvió loco e'cansado, leguas cantidad… Quería que pagara mil cien pesos por cada uno… y perdimos, qué íbamos a hacer, éramos pobres… Y no fui más a la escuela".

SEIS

Durante cinco horas recorremos el lugar y charlamos con los trabajadores. Antes de irnos, pasamos por el secador. Es una instalación muy moderna construida por una empresa brasileña. Allí está Romualdo, brasileño, jefe del sector, y Cacho, un empleado uruguayo. Están clasificando las semillas para plantar. Romualdo nos explica cómo es el proceso y nos muestra cientos de bolsas prontas para la siembra. Al parecer, cree que estamos visitando la zona por curiosidad. Le pedimos subir la escalera de hierro que bordea el silo.

Los cuarenta metros de altura permiten tomar fotos panorámicas. Cuando nos estamos despidiendo llega José Carlos Vargas, uno de los patrones, quien al vernos con una cámara fotográfica no se muestra muy amable. Nos pregunta donde estamos acampados y hasta cuando nos quedamos. Gadea menciona una laguna cerquita del Cordobés. Vargas no queda convencido. Lo invitamos a tomar unos mates por la noche con nosotros, y nos despedimos, marchando rápidamente rumbo al bote.

SIETE

Carlos Gilberto Silva posee dieciocho mil hectáreas de campo, ocho mil novillos en engorde, un molino en Río Branco y aspiraciones políticas en el Partido Colorado en Cerro Largo. Se dedicaba solamente a la ganadería hasta que un día, diez año atrás se decidió a plantar arroz en dos chacras - El Polanquero y el Cordobés - que suman cien mil hectáreas en la localidad de Paso Pereira, y en Tupambaé –Cerro Largo - . Construyó un pequeño caserío e instaló todo lo necesario para el secado y clasificación. A la inauguración de las instalaciones concurrió entre otros, nada menos que Gregorio Alvares, estratega de la dictadura que vivió Uruguay entre 1973 y 1984.

Una parte de los trabajadores pasó a vivir en el caserío y otra en ranchitos distribuidos por toda la propiedad. El pueblito contaba con una cantina perteneciente a la empresa, en la que compraban todos los trabajadores, descontándoseles directamente de sus sueldos; a fin de mes los obreros quedaban debiendo dinero.

Durante cinco años Silva cosechó el arroz por su cuenta para procesarlo en Río Branco y luego comercializarlo. Cierto día decidió arrendar todas las chacras que plantaba, a dos brasileños: Luis y José Carlos Vargas. Alquilaron las tierras, las instalaciones, las maquinarias, los ranchitos, el secador y también los trabajadores.

Con la cantina del pueblito, Silva hizo un negocio redondo: como le debía dinero a un trabajador, cambió la deuda por las mercancías (unas pocas cosas) y el derecho de usufructuar el local por cierto tiempo. La propiedad le sigue perteneciendo a Silva y puede volver a sus manos cuando lo quiera. Hoy en día resulta difícil determinar el capital de este señor del latifundio.

Los Vargas por su parte, decidieron escapar de la lucha por la tierra que se está dando en el interior brasileño y arrendaron áreas para plantar en un lugar "barato y tranquilo como el Uruguay". Cuando llegaron, decidieron echar a la mayoría de los peones uruguayos, aumentando la introducción de trabajadores norteños –lo que Silva ya había comenzado - a quienes les paga sueldos miserables.

Actualmente los Vargas plantan arroz en las dos chacras de Paso Pereira, en la de Tupambaé y en otras dos que arriendan en Tacuarembó: Mazangano (400 hectáreas y Jaguarí 300 hectáreas). Luego venden la cosecha al propio Silva para su proceso y venta, bajo el nombre de Blue Belle. El año pasado la producción de estas chacras superó las 100 mil bolsas de arroz.

Ante la peonada los Vargas aparecen como los verdugos de la película mientras Silva se hace el desentendido. Sin embargo, el negocio es conjunto y ciertamente algún rédito les trae. Constituye la integración uruguayo - brasileña de la explotación.

OCHO

Cuando vamos atravesando la chacra arada, desde una camioneta que está junto al alambrado, Vargas y el capataz nos hacen señas y tocan bocina. No hacemos caso y seguimos caminando, pero dudamos: ¿querrán señalarnos que no caminemos por la tierra arada o saber para qué fuimos al arrozal? En todo caso, no intentamos dilucidarlo y seguimos por la chacra para ahorrarnos un quilómetro. Después de permanecer largo rato mirándonos, finalmente se van… "Lamentablemente", su camioneta no puede transitar por donde caminamos.

A las siete y media de la tarde el bote está partiendo. Esta vez, ayudados por la corriente y el viento, en dos horas podremos estar nuevamente en el campamento. Al llegar levantamos todas las cosas y en minutos partimos para pasar la noche en otro lugar. A esta hora ya es posible que la alarma en los patrones sea total. Hace ya varios días que estamos en la zona, hablando con muchos peones sobre los problemas de la arrocera, viendo cómo viven, percibiendo su situación…

Sin embargo fue muy poco, hay mucho más escondido en los rincones de este Uruguay que espera, donde los patrones hacen las leyes y los trabajadores, olvidados y sin otra posibilidad, las cumplen. A pesar de la rebeldía que llevan dentro, las cumplen.

Mauricio Rosencof en su libro "La Rebelión de los Cañeros" relata: "El día que comenzó la huelga, empezaron a llegar los peones del arrozal 33 desde Rincón de Ramírez, con sus atados en bandolera. Ni en las taipas ni en los secadores de la Charqueada había actividad alguna".

Quizá gracias a esas luchas que relata Rosencof, hoy treinta años después la peonada viva un poquito mejor en las arroceras. No mucho más, porque esta miseria es parienta de aquella otra. Sin embargo, actualmente nadie habla de huelgas y en estos lugares se sigue viviendo una triste realidad, desconocida para muchos y que parece preocupar a pocos.

CRÓNICAS DE MUERTE
Los hombres del arroz

El lunes 9 de abril de 1990 un poco antes de las siete de la mañana, la camioneta Ford F - 100, de la empresa Arrozal La Mini, propiedad de Hugo Alberto Manini Ríos y ubicada en costas de Sarandí, transitaba rápidamente por la ruta 18 transportando a varios trabajadores del arroz. Una escena que los vecinos del lugar habían visto varias veces: obreros trasladados a su lugar de trabajo por el vehículo de una arrocera, trabajadores brasileños acostumbrados a viajar curtidos por la helada, en cajas de camionetas o camiones, para ganar sueldos miserables sin figurar en planillas.

Aquel día, sin embargo, junto a los norteños iban varios trabajadores uruguayos, compartiendo las mismas dificultades pero sin "chistar", porque, "al final de cuentas, ¿dónde conseguimos trabajo?.

La camioneta era observada por otros obreros que esperaban al borde de la ruta vehículos que los llevaran a su lugar de trabajo. Se dirigía por la carretera eludiendo la niebla que dejaba ver muy poco. Son muchos los que viven en esta situación. Viajar por esa carretera en las mañanas e encontrarse con cientos de "braseros", que esperan ser recogidos. Hay determinados "empresarios" (algo parecido al contrabandista de esclavos de la época colonial) que se encargan de ir a buscarlos a Bagé para ofrecerlos a los molinos o a las arroceras. Cobran caro por el servicio: contactarse con gente que necesite trabajo en el país norteño ("No Brasil no temo sonde trabalhar, por iso viemos para Uruguay", dicen los obreros), arreglar la forma de pasar por la frontera y llevarlos al lugar donde los precisen. Así, los dueños de los molinos y las arroceras (conocidos en Río Branco) no se comprometen con la traída de mano de obra extranjera al país...

La camioneta no había llegado al quilómetro 394, cuando se escuchó una frenada brusca y un estruendo producido por el choque frontal contra un ómnibus interdepartamental de pasajeros, proveniente de Montevideo. El conductor de la camioneta, el del ómnibus y los pasajeros no tuvieron mayores inconvenientes; todo quedó en el susto. La suerte de los obreros fue otra: Rudiney, Edelmar, Juan Mario y Paulo (tres uruguayos y un brasileño) murieron en el acto; Wanderley, Floriani y Jairo (tres brasileños) quedaron gravemente heridos. Primero fueron atendidos en Melo y luego trasladados al Hospital de Clínicas de Montevideo, en estado muy delicado. No figuraban en las planillas de trabajo por lo tanto no tenían derecho al Seguro. Pocos se preocuparon por la situación en que quedaban sus familia, las causas del accidente o el motivo por el que iban en esa camioneta. La realidad de los trabajadores arroceros se había tornado tan común que fue asumida como legal.

Cuando el sacerdote Vicente Ramos se enteró de los pormenores del accidente no vaciló en colocarse del lado de los necesitados. Publicó en el semanario Tribuna

Popular el parte policial del accidente y denunció la inseguridad con que son transportados y trabajan os obreros del arroz. "Todos los que viajaban en esa camioneta - escribió - lo hacían impulsados por la necesidad de trabajar, de aportar un pobre salario a sus hogares. Gente joven, sufrida. Llamamos la atención sobre la nacionalidad de las víctimas, ya que cuatro son brasileños. Sería interesante saber si están protegidos por las leyes sociales, porque no es un misterio que se suele contratarlos por ser "mano de obra barata", para quienes no existen cajas ni leyes sociales. La situación actual por la que atravesamos con tanta falta de empleo, hace que la gente acceda a lo primero que venga, sea en las condiciones que sea".

El padre relataba una realidad de la zona y el señor Manini Ríos se sintió sumamente ofendido. Se presentó ofuscado en la Redacción de Tribuna Popular, donde entregó una carta escrita en tono amenazante, que fue publicada luego en el semanario. En una de sus partes señalaba: "Usted habla de 'mano de obra barata', sus afirmaciones o insinuaciones son absolutamente erróneas. Y en lo que a mí respecta le aclaro que el único empleado de mi empresa que viajaba en la camioneta era el conductor, que resultó milagrosamente ileso. Para su tranquilidad y su 'sed de justicia' lo invito a visitar mi establecimiento, conversar con mis colaboradores y comprobar a través de la planilla de trabajo (debidamente sellada) que para atender 400 hectáreas se desempeñan veinticinco personas. La pornografía erótica es repudiable, pero la pornografía social a veces adquiere ribetes deleznables". Ante esta carta, el padre Vicente manifestó su sorpresa y se preguntó: "¿A qué se debe una reacción tan violenta? ¿Qué es lo que pretende defender? ¿Por qué se sintió tan ofendido y nombrado, cuando la única referencia que se hace es colocar su nombre como propietario de la camioneta, de acuerdo al parte policial?".

Hugo Alberto Manini Ríos fue periodista de varias publicaciones de cuño fascista, como el semanario Amanecer y la revista Pueblo Oriental, también tuvo una audición golpista en la radio Rural. Dictó algunas conferencias sobre temas como "Artigas y Latorre, defensores de la orientalidad" y "Lorenzo Latorre, forjador de la unidad oriental", entre otras. Profesor del Liceo Militar, durante la dictadura fue colocado por la intervención para que ejerciera en Secundaria. Fundador, ideólogo y Secretario General de la Juventud Uruguaya de Pie que atentaba y organizaba bandas paramilitares. Es sobrino del primer Ministro del Interior del gobierno Sanguinetti. Casualmente, su tía heredó grandes extensiones en la zona de la laguna Merín, donde él tiene su arrocera.

El Padre Vicente Ramos es uno de los sacerdotes que han hecho su elección por los pobres. Argentino de la Rioja, antes de llegar a Río Branco estuvo en un pueblito de Córdoba, cercano a la frontera con Chile, donde trabajó en tareas comunitarias. "Era un pueblo muy unido –dice - , muy solidario, pero sumamente pobre. Hay una anécdota que recuerdo: cuando llegué al lugar vi que las casas no tenían ni ventanas ni puertas porque no podían comprarlas. Les dije de empezar a colocar primero algunas; me respondieron que si no se les colocaba a todos, no aceptaban".

Hace algunos años que el padre Vicente está en Río Branco, donde dirige el periódico Tribuna Popular. "Hay muchas cosas por las que preocuparse en Río Branco – comenta. El problema de los brasileños que vienen a trabajar es uno. En Brasil, cuando va la gente nuestra, le exigen documentación, acá no. Me preocupa la situación de muchos trabajadores uruguayos que trabajan y no están en planilla pero la situación de los brasileños es peor porque no tienen protección de ninguna especie, les sucede un accidente y no tienen nada, sencillamente 'se mueren' y que los entierren. Eso duele".

Existen rumores en la ciudad de que ha corrido dinero para que no prosperen denuncias sobre el lugar de trabajo de los accidentados y las condiciones en que laboraban. ¿Estaban en horarios de trabajo? La reacción del hacendado Manini Rojas deja varias interrogantes, la realidad –que no miente - se encarga de responderlas. La explotación de mano de obra extranjera es una constante en la zona de frontera y se ha trasladado a otros departamentos, pero nadie investiga, nadie denuncia, se asume esa verdad y se la acepta tranquilamente. Ni del Ejecutivo, ni del Parlamento surgen soluciones. El accidente de la camioneta de Manini Ríos no es el único registrado en la ruta 18, pero sí el más grave.

Diez días después, todavía están marcadas en el piso las huellas producidas por las ruedas, con la súbita frenada. Son el único testimonio del accidente que, aqueda en la carretera, como queriendo señalar alguna cosa, algún alerta… como crónicas de muertes previsibles, incorporadas ya a la cruda realidad de los trabajadores rurales. A los lados de la carretera, algunos hombres esperan por un vehículo que los lleve a trabajar. La espesa niebla no permite distinguir claramente sus caras. En sus casas, las familias esperan que regresen con el jornal…

EN EL OLIMAR
Memorias del arroz

Préstamos bancarios que se piden sin intención de reembolsarlos desembocan en la venta de la arrocera CIPA S.A. de Treinta y tres. Sánchez Varela, vinculado en un tiempo al Banco de Crédito y a la Financiera Monty, y el ministro de Trabajo y seguridad Social Carlos Cat, son los dueños. Los obreros irán a la calle y no les quieren pagar despido. Además les deben bonificación por horas extras. Pero los trabajadores no se quedan quietos. Huelga en el Olimar.

UNO

La tranquilidad se apodera del paisaje: no se escucha otro ruido que el del viejo ómnibus siguiendo su viaje rumbo a Charqueada. El herrumbrado cartel me ubica en un paraje denominado con el nombre de la empresa CIPA S.A. A un lado el local de las oficinas y un galpón, más atrás restos de maquinaria convertida en chatarra, cerquita cuatro vacas que permanecen inmóviles, y a trescientos metros, doblando la curva de la única calle del pequeño pueblo, las casitas apiladas una al lado de la otra… Todo parece abandonado.

En medio del silencio surge una señora que camina lentamente por la calle. Me apuro a preguntarle por la gente. "Están todos de paro –me responde. Algunos se marcharon a Treinta y Tres porque mañana hay una audiencia en el Ministerio de Trabajo; otros se van en el día...".

CIPA S.A. cuenta con 9.000 hectáreas, pero planta arroz solo en 1.500, que se van rotando todos los años. Además tiene este sector donde camino, con el galpón, local de oficina, varias casitas en estado relativamente bueno, aunque se llueven, y la zona donde está ubicado el secador, con otro galpón y más viviendas, éstas sí en estado lamentable: sin ventanas, con techos de paja o zinc que dejan filtrar el agua por todos lados. Paralelamente, CIPA tiene 6.000 hectáreas con edificaciones más precarias en Cebollatí.

Esta agroindustria arrocera, el Banco de Crédito y una casa importadora y exportadora pertenecía al grupo Aldao, cuyo principal accionista era José Aldao. De su época todavía circula una anécdota que sigue corriendo en la tradición oral, de generación en generación, por los fogones de la zona: cierto día la policía le sacó a Aldao un gran cargamento de café que venía de Brasil y lo tuvo depositado en la comisaría hasta que "el viejo José se movió" y logró recuperarlo sin marchar preso por contrabandista, como se acostumbraba con otros. Pero los cuentos sobre las "importaciones" llegadas continuamente a la arrocera son muchos... Tras la muerte de Aldao y luego de pasar por las manos de sus sobrinas, la fortuna llegó como herencia al doctor Varela y al ingeniero Carlos Cat (hoy Ministro de Trabajo y Seguridad Social).

DOS

En febrero de 1969, un comando tupamaro ocupó las oficinas de la Financiera Monty, ubicadas en el piso 4 del edificio del Banco de Crédito, en 18 de julio 1455, llevándose entre otras cosas seis libros de contabilidad que sacaban a luz diversas operaciones financieras irregulares perpetradas por varios jerarcas del Banco y otros personajes empresariales y políticos.

Los "asaltados" no denunciaron el robo, tuvieron que hacerlo los mismos "asaltantes". Dos semanas después, antes de abrirse el Banco, fueron incendiados los archivos de la Financiera y el encargado de salir a denunciar que se habían "prendido fuego" fue el por entonces abogado del Banco de Crédito, nada más ni nada menos que el doctor Sánchez Varela, quien de esa forma hacía méritos con José Aldao.

Los archivos de la Monty pesaban demasiado. Años más tarde, tras la muerte de Aldao, Sánchez pasa a integrar e directorio del Banco y queda como principal accionista del CIPA S.A. Cierto día el Banco concede un préstamo a la industria arrocera. Pasan los años y el pago no se efectúa. CIPA decide pedir otro préstamo para saldar la deuda, esta vez al Banco República. La deuda sigue en pie y CIPA queda deudora de los dos Bancos. En 1983, Sánchez Varela vende sus acciones en el Banco de Crédito a la secta Moon, que pasa a controlar el 51 por ciento del paquete accionario.

Con el correr del tiempo, teniendo en cuenta que la deuda no se saldaba, el Banco República decide suspender sus préstamos a CIPA que dejó de pagar los intereses de su deuda con el Banco de Crédito, por lo que éste –como mayor acreedor - podía embargar la empresa arrocera. Esto no le convenía a nadie y los "cerebros" comenzaron a trabajar para encontrar "una solución". Llegan a la brillante conclusión de que debían vender el establecimiento, o parte de él. En esa circunstancia surge un comprador brasileño, pero los productores y trabajadores de la empresa presionan para que no se concrete el negocio.

Los productores que plantan para CIPA son medianeros que arriendan las tierras a la empresa, siembran y luego le venden la cosecha. Si se hacía el negocio con el comprador norteño, los productores se quedarían sin tierra para seguir plantando y los trabajadores sin empleo: el comprador pensaba plantar por su cuenta, sin dar tierra a los medianeros y trayendo sus propios trabajadores de Brasil.

Al concretarse esta propuesta surgió la posibilidad de que los mismos productores fueran los compradores de CIPA. Pero éstos solo podrían hacerlo si el Banco República les prestaba dinero. Perdido por perdido y para que todos (menos los trabajadores) quedaran contentos, el República presta a los productores siete millones cuatrocientos mil dólares para que puedan comprar CIPA - Olimar. De esta forma los vendedores pagaban su deuda al Banco de Crédito y se quedaban con 6.000 hectáreas e instalaciones de CIPA - Cebollatí; el Banco de Crédito cobraba su deuda; el Banco República cobraba la deuda de

CIPA pero quedaba como acreedor de los productores, quienes pasarían a ser dueños, aunque deberían pagar durante doce años a razón de tres hectáreas de campo por una recibida.

Para poder hacer frente a la deuda contraída tendrían que plantar 2.500 hectáreas de arroz, por lo que se ven en la necesidad de arrendar 1.000 en CIPA - Cebollatí, ya que en Olimar no se puede sembrar más de 1.500 por la necesaria rotación para que las tierras descansen. El negocio está hecho. Participan como compradores catorce productores: no son todos. En primera instancia pensaron organizarse como cooperativa, pero los intereses más fuertes se impusieron y la futura Pro - CIPA - Olimar será una Sociedad Anónima cuyo directorio va a estar integrado de acuerdo con el área plantada por cada uno. El más que previsible riesgo: que los productores más grandes terminen comiéndose a los pequeños. Todos terminaron contentos; los únicos perjudicados son los trabajadores.

TRES

El sol es cubierto por las nubes y una brisa fresca mueve las hojas de los árboles en este día de verano, semejante a uno cualquiera de otoño.

La compra - venta de CIPA demoró catorce meses en concretarse; sin embargo, los trabajadores fueron informados cuando ya estaba consumada. Los productores que compraron tienen "sus" propios trabajadores y, afirman que sería imposible mantener a todos los obreros de la planta de CIPA, pidieron que en el compromiso se incluyera una cláusula que obligara a Sánchez Varela y Cat a indemnizar a los obreros por la venta de la agroindustria, pero se les respondió que nadie iba a decirles qué debían hacer con "sus" trabajadores. Los problemas que se venían incubando estallaron. Antes de que partieran para Treinta y Tres, converso con Eduardo Jiménez, Omar y Luis Sosa, José María Soto, Juan Carlos Cabrera, Archibaldo Becerra y Eduardo Correa, trabajadores de CIPA - Olimar. "Muchos quedaremos sin trabajo –comentan - y sin derecho a despido, ya que la nueva empresa Pro CIPA - Olimar no se hará cargo de la antigüedad de los obreros.

Además ya dijeron que no tienen dinero para pagar los despidos que se originarían. Estaríamos sin un peso y en la calle, porque al quedar fuera de la empresa debemos dejar las casitas donde vivimos". Añaden que, antes de la venta, el República habría prestado a CIPA 200.000 dólares para que "dejara al día la situación de los trabajadores", pero no se sabe cuál fue el destino de ese dinero. El sábado 9 de febrero, el gerente de la empresa José Bonia Henderson (yerno de Carlos Cat), reunió a todos los obreros y, junto con dos testigos y un escribano, leyó un acta en donde se decía que la empresa había sido vendida y por lo tanto los obreros pasarían a revistar en la nueva firma.

"Era la misma notificación –comentan los trabajadores - que nos habían presionado para que firmáramos una semana antes; nos volvían a insistir con lo mismo pero igual no firmamos. Cuando se vendió Arrozal

33, los trabajadores pasaron a la otra empresa y después fueron echados sin cobrar nada, aunque les habían dicho que conservarían todos los derechos".

Los vendedores mantienen su postura, los compradores se desentienden y piden que se solucione el diferendo antes de hacerse cargo de la empresa. El domingo 10 de febrero, los trabajadores declaran la huelga. Cuarenta y dos familias unidas luchando por sus derechos. No solo el pago del despido está en juego; también reclaman el pago de la bonificación por horas extras trabajadas desde 1986. Sánchez Varela y sus socios se mantienen en su trece, aunque el monto de lo que deben pagar a sus empleados no supera el 1 por ciento de lo que recibirán por el negocio. Los obreros piensan mantenerse firmes hasta llegar a una solución. Ya tuvieron una audiencia en la Oficina de Trabajo de Treinta y Tres y esperan cobrar lo que les corresponde. Que las planillas de los trabajadores no se "incendien" como los archivos de la Monty, y el Ministro de Trabajo y Seguridad Social ingeniero Carlos Cat se preocupe por el destino de sus trabajadores.

"No somos máquinas –comentan los obreros - para que nos vendan de una empresa a otra. El señor Sánchez se cree que somos como herramientas, por eso ni se importa de nuestros derechos. Pero vamos a mantenernos firmes para que nos paguen lo que es ley. Somos cuarenta y dos trabajadores con familia atrás y estamos unidos como nunca antes lo logramos".

El sol comienza a ocultarse lentamente, las nubes comienzan a desaparecer y el atardecer se hace fresco. Algunos trabajadores se marchan rumbo a la ciudad

Treinta y Tres. Con los que quedan seguimos la charla en torno a algunos mates. La conversación es más de lo mismo: la jornada laboral de cada obrero supera las doce horas, el sueldo promedio es de ciento cuarenta mil pesos, las casas están deterioradas, tienen luz solo durante las horas que funciona el taller porque es el único momento en que se prende el motor de la electricidad, todos hacen horas extras para rascar un peso más aunque no se las pagan con bonificación, las dificultades son muchas pero cuesta conseguir otro trabajo...

Cuarenta y dos trabajadores con familia atrás, más de doscientas personas, muchos gurises. Todos están a punto de quedar en la calle. Son tan solo algunas memorias del Olimar, las memorias del arroz.

EN BELLA UNIÓN
Las dos historias del Paraíso

Veinticinco años de CALNU: dicho así puede sonar a un cumpleaños más. Pero no; este aniversario marcó la línea divisoria entre dos mundos; el alambrado que separa dos historias diferentes que se juntan y se tocan en varios puntos. Al final de cuentas (como en el caso de la trilogía de Eduardo Galeano, de cuyos títulos me he apropiado sin permiso), sin *Las caras y las máscaras* no habría *Memoria del fuego*.

UNO
Memoria del fuego

Julio de 1990. Como todos los años, un grupo de cañeros llegó a Bella Unión para trabajar en la zafra de la caña. Todos esperaban encontrar trabajo en el promocionado "polo de desarrollo del norte uruguayo". Se encontraron con que los patrones preferían contratar obreros brasileños. Ante esta situación, muchos peludos decidieron acampar en el trébol de entrada a la ciudad. En aquel momento uno de los acampados señalaba: "Están trayendo extranjeros de Porto Alegre y otros lugares, ni siquiera son de la frontera. Muchos entran ilegalmente y nos sacan el trabajo".

Pasaron los meses, algunos de los acampados consiguieron trabajo, otros se marcharon y en el campamento quedaron nueve trabajadores, que ya estaban cortando caña, pero no tenían donde vivir. Días antes del cumpleaños de CALNU comenzaron las amenazas para que dejaran el lugar antes de la llegada del presidente Lacalle. "Nos querían sacar a prepo –dice un cañero - , la policía vino varias veces a presionar para que nos fuéramos". El jueves 25 de octubre, a la madrugada, mientras el cañero César Marquizaqui duerme, prenden fuego su carpa. Cuando Marquizaqui logra salir, con parte del rostro y la espalda quemada, ve dos personas correr. Una de ellas se burla: "Estamos limpiando a basura". El rostro es alumbrado por las llamas y el trabajador lo guarda en la memoria. Camina dificultosamente hacia la estación de policía caminera cercana y pide que lo lleven al hospital. Había sufrido quemaduras de primer y segundo grado en el treinta y cinco por ciento del cuerpo. Luego del incendio, las ropas del peludo y el resto de las carpas fueron retiradas por un camión de la Intendencia Municipal de Artigas y fueron trasladados al corralón municipal. La ciudad quedaba "limpia" para recibir al Presidente de la República.

DOS

Las caras y las máscaras

Más de cien periodistas llegaron desde Montevideo para ser testigos de los festejos programados por los veinticinco años de CALNU. Tres ómnibus, hoteles en Salto y comida fueron pagados por la "cooperativa".

El sábado 27 de octubre por la mañana en el aeropuerto de CALNU, ministros, jerarcas militares, parlamentarios y otros especímenes esperaban al doctor Lacalle, que llegaría en un avión de la Fuerza Aérea. Tras algunas fotografías, breves palabras a la prensa y alguno que otro abrazo, el presidente se trasladó al ómnibus que lo llevaría a las inauguraciones (léase corte de cintas): obra de riego, packing y bodega, electrificación rural; de CALPICA, CALVINOR y CALAGUA, colaterales de CALNU.

En cada inauguración se escucharon alocuciones de los directores de las diferentes empresas y breves palabras del doctor Lacalle, culminadas con un "Viva la patria", posteriormente el corte de cintas. Alguien encargado de comenzar los aplausos, ya que no siempre surgían espontáneos, el sol radiante, y las banderitas en manos de escolares daban cierto color a los actos.

UNO

Enterados de la llegada del presidente, diversos sectores sociales decidieron preparar un recibimiento. La pastoral social de Bella Unión, junto al padre Sixto, decidieron colocar en la fachada de la parroquia un cartel que decía: "Los responsables de la gestión pública, especialmente si son cristianos tienen el compromiso de responder a los intereses del pueblo y no de los poderosos.

Juan Pablo II". Días antes, el comisario Carlos de los Santos había visitado el párroco y le había dicho "Déjese de joder, un cartel así es inconveniente, ahora que vienen las autoridades del país". Pero ese no fue el único letrero encargado de recibir al presidente de una forma diferente a la enmarcada dentro de los festejos de CALNU. Diversas pancartas bordearon la plaza de Bella Unión durante el discurso del primer mandatario, denunciando falta de presupuesto para educación, salud, vivienda, trabajo digno, salario decoroso, gastos excesivos en el festejo (mientras crece la pobreza de Bella Unión) y la quema de carpas con cañero incluido.

DOS

Un folleto de propaganda distribuido a los periodistas por IMPETU (empresa publicitaria contratada por CALNU) señala que "actualmente CALNU destina el 80 por ciento de su producción azucarera para abastecer el mercado interno y vuelca el resto a una exportación que genera divisas por más de cinco millones de dólares. Con aplicación de tecnología ha hecho ascender el rendimiento por hectárea de dos mil quilogramos de azúcar a 7.500. Desde el punto de vista de la retribución, el obrero que menos gana duplica largamente el ingreso mínimo nacional; el estable lo triplica o cuadriplica. El zafral cobra entre 300 y 400 dólares mensuales, son algo así como los privilegios del medio rural. El sistema general muestra la combinación ideal: la producción en manos privadas y la industrialización y comercialización corren por cuenta de

CALNU. Se paga al productor por azúcar que sale de la caña y no por tonelaje de caña cortada. El conjunto tiene en su totalidad un tinte de tono igualitario, donde productores y empleados viven con más o menos las mismas comodidades y se ajustan a un estilo de vida similar".

Por su parte –y quizá por las dudas - el presidente de CALNU, Lirio Daniel Morales, demandó al gobierno que "Explicite las reglas del mercado y que el Estado no compita en el mercado interno de azúcar".

UNO

Los trabajadores y pequeños propietarios reunidos en la plaza de Bella Unión no solo protestaron contra la política económica del gobierno, sino también contra la directiva de CALNU. A ellos el "polo de desarrollo" no les significó grandes mejoras: la población de la zona aumenta y tiene un índice de pobreza muy superior que hace veinticinco años. Un integrante del Movimiento de Pequeños productores señaló que "el dinero gastado en la fiesta sale del precio a pagar al productor de caña. Si la directiva de CALNU hubiese mostrado igual disposición para gastar, que muestra con esta festichola, el precio a pagarnos no podría bajar de 500 pesos por quilo de azúcar; pero a ellos no les importa que los productores chicos se fundan o se vean obligados a vender sus tierras a capitales argentinos".

Una señora colocada tras las pancartas comenta: "Mi esposo es técnico agrícola y fue despedido de CALAGUA por decir que esto no tiene nada que ver con el cooperativismo. Aquí hay un pequeño grupo de poderosos que se enriquecieron a costa del pueblo. CALNU, CALAGUA y CALVINOR son todas empresas; a CALVINOR ya ni el nombre de cooperativa le queda, es una sociedad anónima. Este festejo lo hacen porque quieren más préstamos.

Otra trabajadora que está a su lado dice: "CALNU gastó una millonada de plata para patrocinar a la selección uruguaya de fútbol al mundial, mientras cerraba el departamento de asesoría agrícola para pequeños productores, entre ellos dos integrantes de la directiva del SOCA (Sindicato de Obreros de CALNU).

En conversación con varios cañeros me informé que un peludo buen cortador, teniendo la suerte de que no llueva, encontrando una caña suave (que no sea trabada) y trabajando ocho horas de corrido sin parar, puede llegar a ganar 400.000 pesos por mes, o sea 200 dólares. La zafra no dura todo el año.

DOS

Durante su discurso en la plaza de Bella Unión Lacalle destacó la importancia de la industria y luego enfatizó: "Hemos convocado a lo que se ha llamado coalición, pero el nombre no hace a la cosa. Llámenla ustedes como quieran. Fue una actitud del partido triunfante, del presidente electo, sabiendo que era necesaria la mayoría operativa, una convocatoria para realizar cosas profundas y trascendentes". También habló de la necesidad de alivianar el peso del Estado para que pueda atender mejor el bien común. Las palabras de Lacalle no agregaron nada a lo que había señalado en otras ocasiones, reivindicando la "coincidencia nacional" y las privatizaciones.

Quizás el tema relativamente nuevo sea el de la "integración" regional con Argentina, Brasil y Paraguay.

UNO

Mientras Lacalle discurseaba, me trasladé hasta el hospital donde estaba internado el cañero quemado, César Marquizaqui.

"La cosa fue de la autoridad conmigo –dijo el trabajador - . Querían que saliésemos del campamento pero no tenían como sacarnos por el lugar donde estábamos es de vialidad, no pertenece a nadie. En los últimos tiempos les había entrado apuro por echarnos y Conejo, el de la intendencia, dijo que me iba a sacar quemado. Era por la venida del presidente, creo. El día del fuego me desperté porque sentí el olor a nafta brasilera, que es bien fuerte. No había terminado de abrir los ojos cuando el fuego ya estaba arriba mío, si no me movía rápido, no contaba el cuento. Afuera alcancé a ver al señor Conejo que corría y me gritó burlándose. También había otro pero no le vi la cara. Al hospital vino un policía a preguntarme si yo fumaba… Después estuvo el juez y le expliqué la situación".

Otro de los acampados dijo: "Ya hemos denunciado lo ocurrido y está todo en manos del juez. Se sabe que el incendio lo provocó el Conejo Graña, chofer y colaborador del Secretario de la Junta y o había ayudado un tal Till".

El juez Ricardo Pérez señaló que el caso no estaba cerrado, mientras que los diputados Aldorio Silveira (Movimiento Nacional de Rocha) y Gonzalo Carámbula (Frente Amplio), no descartaron la posibilidad de llevar los hechos al Parlamento. Silveira halló extraño que el hecho se produjera poco antes de la llegada del Presidente Lacalle.

Cuando regresé del hospital, Lacalle ya terminaba su discurso; el coro de los manifestantes estalló: "Aquí están, estos son, los que funden la nación".

DOS

Con la canción de Bella Unión como fondo, más de seiscientos cincuenta comensales –entre ellos el que escribe - degustaron asado con vinos CALVINOR. Presidente, ministros, parlamentarios, periodistas, autoridades de Corrientes (Argentina), directivos de las empresas y algunos productores compartieron el suculento almuerzo bajo una gran carpa. En un intervalo pregunté a Daniel Morales, sobre los gastos de la fiesta y el malestar de los pequeños productores. "Unanimidad no conozco – dijo - . Hay quienes preguntan por la plata gastada. Esta sale de los fondos de la cooperativa. Si esto se refleja en el precio pagado a los productores, no es importante; más importante es lo que logramos históricamente sensibilizando gobiernos. Cuando se termine todo sabremos bien cuáles son los gastos, no creo que pasen los 600.000 dólares".

Sin embargo consultando y consultando, conversando con distintas fuentes llegamos a la información que los gastos de la semana de fiesta, con equipos de fútbol y ciclismo llegados de diferentes lugares, orquesta sinfónica, cantantes populares, almuerzo para autoridades, periodistas, hoteles y otros gastos superaban los cien mil dólares. Uno de los trabajadores de la empresa que brindaba el almuerzo señaló que solo éste, con el servicio, había costado 4.000 dólares. Sobre la "integración" que habló Lacalle, Morales dijo estar de acuerdo si no "significaba la muerte de las agroindustrias nacionales".

En conferencia de prensa posterior a la comilona, Lacalle obvió el tema del cañero quemado y prefirió pasar al micrófono al Ministro del Interior, quien señaló que la persona acusada había concurrido a la justicia y ésta "no lo encontró culpable", contradiciéndose con el Juez, que había informado que las investigaciones todavía no estaban cerradas. Al fondo se escuchaban las estrofas de la canción "Bella Unión, ciudad del norte, Bella Unión es un edén...".

....

Estas dos historias no caminan separadas. Son parte del complejo entramado de este Uruguay. Dos rostros de la misma cara… las dos historias del paraíso…

EN ALGORTA
Propiedad privada

Cuatro mil hectáreas de monte, un lujoso chalet entre miles de árboles, trabajadores sin derechos, persecución sindical y política. Es parte de lo que ocurre en la Caja Notarial de Jubilaciones y Pensiones, un pedazo importante de Algorta, pueblito de Río Negro que es propiedad privada...

UNO

No tiene por qué sorprender, pero sorprende, que muchos pueblitos del interior uruguayo tengan propietarios que manejan a su arbitrio las Juntas Locales, poseen los expendios de alimentos (almacenes, carnicerías, etcétera), vendiendo solo a quienes desean, hacen las leyes, dan órdenes a funcionarios públicos denominados policías...

Sorprende, y si sorprende es porque se suele pensar desde Montevideo que en este país las poblaciones son cercanas, los medios de comunicación (especialmente la radio) llegan a todos los rincones y "estamos en 1990, en un país civilizado a la europea, sin lastres de esclavitud como en otras naciones del mundo". Sin embargo, no debería sorprender; la realidad nos muestra muchos pueblos aislados y olvidados que siguen durmiendo la siesta porque (con la supresión del ferrocarril) el ómnibus llega cada cierto tiempo, los hombres de dinero manejan la política (precisamente porque tienen la plata) y es un riesgo ser opositor, porque puede ocurrir como en Algorta, que los almacenes no te vendan comida y los policías traten de "convencerte" de que no es bueno pensar diferente.

Desde luego que no es una situación igual a la que se vive en otros países del Tercer Mundo: es una situación bien uruguaya. Una realidad tangible en gran parte de nuestro interior; no se necesita ser un observador excesivo para percibirlo. No trasciende en Montevideo porque la gente tiene miedo de denunciar: "Quién nos libra las consecuencias" "Quién nos da trabajo", suelen pensar. Los representantes departamentales que llegan al Parlamento, en su mayoría representan a los dueños de esos pueblitos, y los que no, se preocupan poco por esa realidad. Esa jodida realidad no es verso. La recorrida por distintos lugares así lo indica. Algorta, un poblado de 1.500 habitantes, localizado en el límite de Río Negro con Paysandú, es ejemplo crudo al respecto. Allí un grupo de señores es dueño del destino de la gente. En una esquina nos detenemos a conversar con un vecino que dice: "Que no aparezca mi nombre, pero acá mandan los blancos; para marchar bien hay que portarse bien con ellos. Son dueños de todo y si quieren no le venden en los almacenes y usted no come. Como los policías también son del partido responden a ellos y, cuidado, porque lo meten preso… la policlínica es del Ministerio de Salud Pública y la Intendencia de Río Negro. Hay un médico, su esposa doctora y una enfermera. El fue doctor de los militares. Atienden solo en horario de oficina; fuera de esas horas cobran, sabiendo que la gente no tiene condiciones y utilizando un local que no es de ellos. Hay días en que uno llega de urgencia dentro del horario marcado y solo está la enfermera, porque los doctores están atendiendo en AMI, una mutualista de Young".

Eso es Algorta. Pero el motivo puntual de esta nota es otro: las irregularidades en el monte de la Caja Notarial de Jubilaciones y Pensiones, la mayor fuente de trabajo de la zona.

DOS

La Caja Notarial es propietaria de 4.000 hectáreas de monto de pino y eucaliptus y de una estancia, "La Gambeta". Los árboles de quince centímetros de diámetro se venden en la papelera Pamer de Mercedes, para celulosa, y los que tienen más espesor son destinados a empresas montevideanas que los exportan hecho tabla. Hay seis peones, un capataz, cinco administrativos, el administrador general y dos ingenieros como personal estable, y seis o siete cuadrillas que trabajan en los momentos que se realiza el corte de los árboles. Durante la actividad más intensa llegan a trabajar hasta 140 montareces, pero la media durante el año es de 80. Antes de empezar el corte, el administrador distribuye las parcelas a cortar por cada cuadrilla entre los contratistas o jefes de grupo.

Un montaraz consultado comenta: "Las condiciones de trabajo son pésimas, como no tenemos maquinaria, los camiones son cargados a pulmón. El tractor no tiene frenos y hay que tener cuidado al utilizarlo. Hasta 1985 no pagaban licencia ni aguinaldo, protegidos por la dictadura. Entre los peones hay siempre menores que no figuran en planilla. Algunos comienzan a figurar a los dieciséis años, no todos".

Damos una recorrida por las instalaciones que se encuentran en un claro, dentro del monte: galpones, balanzas para pesar la madera y… un hermoso chalet. "Tiene más de diez cuartos y varios baños –cuenta el montaraz - . Todo azulejado, con alfombras y estufas a leña… siempre se mantiene limpito y arreglado. Es para que se alojen los integrantes del Directorio de la Caja cuando vienen de Montevideo, aunque generalmente se quedan los ingenieros".

Cada cuadrilla tiene su contratista o encargado que es dueño de la motosierra. La Caja le paga por tonelada pero es un empleado más. El se encarga de pagarle a cada montaraz y la empresa paga los aportes de todo el grupo al Banco de Previsión Social. Mientras el trabajador cobra 8.000 pesos el jornal, la empresa aporta al Seguro por 2.800, que es el jornal de los trabajadores estables. El trabajo dura el tiempo necesario para cortar lo marcado, luego se para hasta que surja otro pedido. Durante ese período la Caja deja de aportar a BPS y los trabajadores se quedan sin sociedad médica. Cuando hay nuevos pedidos de madera, se detiene el receso y la empresa vuelve a tomar las mismas cuadrilla que hace años trabajan en el lugar. Sin embargo, la Administración y los ingenieros vienen tomando algunas medidas arbitrarias: "Persiguen al que piensa en sindicato –dice un peón - o simpatiza con el Frente Amplio. El administrador suele decir: "Si siguen jodiendo traigo un camión de negros de Paysandú y los pongo a trabajar sin contratar a nadie de acá".

TRES

El 25 de enero de este año, cuando estaba terminando una etapa de trabajo, el capataz se apersonó a uno de los contratistas y le dijo: "No sé qué va a pasar con su futuro, porque acá se termina el trabajo". Esas palabras estaban anunciando que cuando recomenzara la deforestación, ni el contratista ni su cuadrilla volverían a ser contratados. El hombre, que estaba en seguro por enfermedad hasta marzo, no dio crédito a esas palabras y el 28 de febrero retornó para cobrar y ponerse a disposición, pero se encontró con que estaba sin trabajo. "La Administración me levantó el alta –cuenta - por decreto, sin la opinión del médico. Dijeron que había hecho abandono del trabajo y no me volverían a tomar. Yo reclamo que me paguen el despido y 8.300 metros de camino de monte que hice en "La Gambeta", que cuestan 2.625.500 de pesos, y me lo encomendaron los ingenieros Correa Luna y Ochoa".

Todos los integrantes de la cuadrilla quedaron sin trabajo y solo uno reclamó: Manuel se presentó en la oficina del Ministerio de Trabajo de Young pidiendo el cobro del despido. "Yo había comenzado a trabajar en otra cuadrilla –dice - , al ver que a la mía no le daban trabajo, pero me prohibieron la entrada en la Caja. En la oficina de

Trabajo, el administrador Tealde dijo que me había ido voluntariamente. Eso no es así, y el contratista está de testigo". Otro montaraz acota: "El problema es que ni él ni el contratista tienen abogado, porque no pueden pagarlo y la de oficio que hay en la zona está vinculada a la empresa. Acá para los pobres es todo muy difícil".

Manuel tiene mujer e hijos y se está haciendo una casita por MEVIR (Movimiento de Erradicación de Vivienda Indecorosa Rural). Sin trabajo no podrá pagar la cuota del Banco Hipotecario ni dar de comer a la familia. En Algorta no hay otro trabajo. "Un muchacho –dice un vecino - fue a pedir trabaja a la Caja y le dijeron que esperara que llueva. Se burlan de quien necesita trabajar. Yo por suerte tengo empleo, pero soy de los menos".

La garúa fina, fría como nieve, se hace sentir… En el camino un veterano jinete lleva sus cinco lecheras a pastar. Desde la carretera todavía se divisan los ranchos de descarte (o costanero) donde viven las familias de los montareces, muy diferentes al lujoso chalet de la Caja Notarial. El Directorio en Montevideo ¿conoce la situación en que viven los trabajadores de Algorta? La Comisión de Asuntos Laborales del Parlamento ¿tomará posición y se trasladará al lugar para verificar los hechos? El intendente, los diputados y senadores, ¿se interesan por esta realidad? ¿Se embarrarán un poco con la gente? Tal vez en las respuestas que se den –o no - a estas preguntas se encuentre la explicación de porqué no tiene que sorprender que muchos pueblitos tengan propietarios.

EL HUMO DEL TABACO
Antesala de la soledad

Todo empezó hace un par de años, cuando los señores del tabaco decidieron comenzar a reducir sus plantaciones e impulsando de a poco la producción particular en pequeña escala. Este año el personal efectivo de las plantaciones de Rivera, Tacuarembó y Artigas pasó a ser la mitad ya que muchos trabajadores fueron despedidos. Los zafreros también resultarán perjudicados porque ya no se contratará el mismo número que en zafras anteriores. La situación que viven las zonas tabacaleras es sumamente difícil: muchísima gente quedará sin trabajo.

El plan implementado por la empresa Monte Paz sigue su marcha. En Tacuarembó algunas personas decidieron organizar un movimiento amplio en defensa de lo que constituye la fuente de empleo de casi 2.000 pobladores de ese departamento entre diciembre y mayo, y surgió la idea de impulsar a propuesta de que la Intendencia Municipal se convierta en posible productor.

Cuando el señor Diego Castells (ingeniero agrónomo de Monte Paz) llegó a la tabacalera de Rincón de Tranqueras, el trabajador que salió a recibirlo, a pesar de tener diez años en la firma, no se imaginaba la propuesta que le harían. Intercambiaron saludos y, Castells tras una nueva sonrisa, dijo: "Les traigo una propuesta con la que muchos quedarán contentos". El obrero se encogió de hombros, se llenó de dudas y luego preguntó: ¿Cómo es?.

"Firmando este papel de retiro voluntario usted cobra el doble de despido sumado a tres meses de sueldo", contestó Castells. "Pero quedo sin trabajo y es como si me echaran", retrucó el tabacalero. El ingeniero sonrió, le dio una palmada en el hombro y, con cierto aire paternalista, señaló: "No, no es un despido. Usted cobra muchísimo más y además recibe una carta de recomendación para presentar en otro trabajo". "El diablo es conocedor por viejo", pensó el trabajador y pidió para contestar al día siguiente.

Si no aceptaba esa renuncia voluntaria días más tarde sería igualmente despedido cobrando lo normal. Cuando el sindicato no existe, los trabajadores no pensaron en juntarse y pelear contra el despido. De los cincuenta y tres efectivos solo quedan veinte. Treinta ya no están: de esos, más de quince fueron echados sin poder gozar de la propuesta.

En Tacuarembó hay dos chacras donde se planta tabaco: Rincón de Tranqueras, 130 hectáreas, y Bonilla, 120. Mientras recorríamos el Rincón, ubicado en las afueras de la capital departamental, un ex trabajador de Monte Paz me comentaba: "Los ingenieros dicen que seguirán plantando tabaco, pero ya este año en Bonilla pensaban plantar solo 60 hectáreas, porque según dicen quieren utilizar los tres secadores que dan solo para esa extensión. Si no, tienen que hacer como antes y traer el tabaco hasta Tranqueras para secarlo. Acá también van a reducir". Otra medida que piensa tomar la empresa es eliminar el clasificado y llevarlo para Rivera. Con ese sector funcionando, se contrataba en época de zafra unos ciento cincuenta trabajadores.

"En Rivera también echaron gente –me dice un obrero - , pero allá por lo menos tienen sindicato. Acá se desarmó por falta de gente que lo impulsara. Ahora que las papas queman muchos de los que nunca se preocuparon por el gremio se dieron cuenta de la necesidad".

En la carta de referencia que entregaron a los que aceptaron el "retiro voluntario", la empresa señala: "Por razones puramente de orden económico la empresa ha resuelto la reducción del personal, prescindiendo de sus servicios".

Las tabacaleras de Monte Paz siempre rigieron sus salarios fijados por el Ministerio de Ganadería, Agricultura y Pesca, porque plantaban otros rubros tales como frutilla o espárrago y tenían novillos a pastoreo. Si solo produjeran tabaco, debería regirse por los salarios que surgen del Ministerio de Industria y Energía, que son mayores. El sueldo mínimo que se paga es de 150.000 pesos, sin los descuentos.

Rincón de Tranqueras vive por y para el tabaco. Hombres, niños y mujeres trabajan en la tabacalera durante la zafra. Hace algún tiempo, Sonia, una vecina del lugar, que laboraba en Monte Paz, contaba: "El que trabaja en la chacra gana menos pero tiene la ventaja del aire puro. En los galpones pasamos el verano respirando un olor a tabaco impresionante. En 1987 hubo veintisiete obreras intoxicadas, de las cuales diecisiete fueron hospitalizadas. Luego de eso empezamos a utilizar máscaras del tipo que usan los médicos. El horario que hacíamos era de 7 a 12 por la mañana y de 1 a 7 por la tarde. El que quería podía trabajar los domingos y ganar un poco más". La mayoría de las mujeres, cuando termina la zafra, buscan trabajo en el Frigorífico o como domésticas, pero no siempre consiguen.

De diciembre a mayo, entre Tranqueras y Bonilla, trabajan más de 1.500 personas; ese número se reduciría a menos de la mitad y familias enteras que dependen del salario de la tabacalera, se encontrarían perdidas sin saber qué hacer. La Monte Paz quiere impulsar pequeñas producciones familiares, imitando lo que hacen multinacionales como la Philip Morris en Brasil. Primero les darían un préstamo con interés menor al del Banco para que construyan sus secadores y queden en condiciones de plantar, pero obligándolos a firmar un contrato comprometiéndose a vender la cosecha a la empresa durante varios años. Esta no se preocupa con empleados, ni leyes laborales, ni sindicatos, ni huelgas… compra el tabaco barato porque el productor está obligado a vendérselo y porque la mano de obra familiar "cuesta poco". Además, le termina clasificando la hoja como él quiere, y así tabaco de primera puede ser pagado como inferior. El productor está atado, debe venderle o terminará perdiendo las pocas cuadras que tiene.

La empresa contaba con 95 vehículos entre camionetas, camiones, autos, tractores, motobombas y fumigadores. Quince trabajadores ya fueron vendidos.

Son las seis de la tarde y comienza a refrescar en un día que, hasta ese momento no pacería ser invernal. Antes de marcharme, paso por la cada del "Viejo" Borba, veterano sindicalista rural y vecino de la zona. No hay quien no lo conozca y él conoce todo. Mientras ordeña me habla de la historia de la tabacalera. "Acá el único capital que tiene el hombre –dice - son sus brazos, entonces va a la tabacalera y los ofrenda por un par de pesos. A pesar de cobrar como rurales, nunca se cumple estrictamente la ley, porque ella establece que el obrero que vive a menos de cinco quilómetros de la industria o quinta debe llevar algo de la producción para su casa. Acá ¿le van a dar tabaco para masticar?. Casitas humildes, de terrón, de bloques, calles de balastro; eso es este barrio. "Este es el verdadero barrio obrero –dice Borba. Antes que la tabacalera fuera de Monte Paz todo perteneció a la Greco S.A., que es de los Onassis. Habían invertido acá porque en los convenios de venta de petróleo a Uruguay estaba estipulado que el diez por ciento de los recaudados con la venta debía invertirse en el país. Cuando terminaron los convenios y vieron que ya no les servía plantar tabaco, le vendieron a la Monte Paz. Recuerdo que la Greco llegó a guardar tres zafras seguidas sin vender para mandarlas a Grecia".

Cinco años después de que Monte Paz se hiciera cargo de la tabacalera (casualmente el tiempo estipulado por el contrato par que se siguiera plantando tabaco), sus dueños deciden reducir las plantaciones y dedicarse a otros rubros. "A los Mailhos, que son bien negreros –comenta el viejo - , les conviene mucho más criar novillos de engorde que darle trabajo a los obreros. Los novillos dan más plata que el tabaco. Lo que yo no entiendo es cómo se permite que vendan los tractores, siendo que entraron al país exonerados de impuestos porque eran 'para impulsar fuentes de trabajo'. Es una vergüenza. Ahora el trabajo lo van a arreglar con mujeres y niños pagándoles poco".

Algunos ediles tuvieron la idea de proponer que la intendencia se hiciera cargo de la producción, mientras un grupo de tacuaremboenses intenta impulsar un movimiento amplio, integrando a los diversos sectores que se levantes en defensa de la tabacalera: no de la Monte Paz sino, de los trabajadores.

En el preciso instante que ésta deje de producir se estará yendo parte de la vida de Tacuarembó. Y seguramente Rincón de Tranqueras cambiará mucho, transformándose quizá en uno de los tantos poblados fantasmas de nuestro interior. Por ahora se encuentra en la antesala de la soledad; mientras, los Mailhos siguen fumando bajo el agua a pesar de que "fumar es perjudicial para la salud", según dice el Ministerio de Salud Pública.

SALTO, PAYSANDU...
La realidad sale a luz
cuando el río entra

UNO

En la memoria de los veteranos pobladores salteños no ha podido borrarse las calamidades producidas por las devastadoras crecientes de 1929 y 1941, cuando el nivel de las aguas pasó los nueve metros o la mayor inundación de todas que en abril de 1959 sobrepasó los doce metros. Sin embargo, en junio de 1990 se pasaron los catorce metros y surgió la inseguridad de no saber si la represa de Salto Grande podría desagotar una cantidad de agua suficiente para que la inundación no causase estragos más serios que en las históricas inundaciones precedentes. Luego de ciertas idas y venidas y algunas negociaciones entre ediles del Partido Nacional y el Partido Colorado, la Junta Departamental de Salto designó una Comisión Especial para ayudar a los damnificados. A esa altura, muchas familias ribereñas habían decidido dejar sus casas con algunas pertenencias y acampar en la calle a una distancia prudencial del agua, ya que la Intendencia no consiguió locales donde alojar a la gente. Si bien la comisión de ediles logró paliar a medias la situación consiguiendo algunos vagones de AFE, locales deportivos y de organismos estatales, lo obtenido no alcanzó ni para los

300 evacuados por vía oficial ni para la gran mayoría que se retiró por cuenta propia de las zonas inundadas. Por otra parte faltaron camiones para trasladar a la gente, ya que los conseguidos con algunos organismos fueron muy pocos.

Como de costumbre, los pobladores de la ribera salteña volvieron a sufrir con la subida del río. Los barrios quedaron nuevamente cubiertos por el agua, que llenó los cuartos de las casas, subió las escaleras y cubrió los techos que en algunos casos sirvieron como simples atracaderos de lanchas. No se oyen voces; a veces se siente el revoloteo de algún pájaro enloquecido, que aletea buscando inútilmente un nido que arrastró la corriente. Pasan varias botellas flotando; a cincuenta metros la tumultuosa correntada del río de los pájaros pintados corre enloquecida. El frío chicotea la piel. La gente dejó sus casas sin saber dónde irá y sin saber cómo volverá. "A nosotros el agua nos saca doce metros sesenta y la mayor preocupación que tenemos en este momento es conseguir un lugar donde quedarnos con las criaturas. Yo tengo siete chiquilines, el más chiquito de once meses y la mayor de once años", comenta una vecina. Otra me dice: "Hace un mes y medio tuvimos que salir otra vez por la creciente y también hubo problemas para conseguir un techo. Al final, un señor que cuidaba una casa desocupada nos prestó la llave y allí pasamos hasta que el río bajó, pero ahora la casa se vendió, el dueño se llevó la llave y ya no podemos usar esa vivienda, está cerrada. Yo soy empleada doméstica. Con mi trabajo ayudo a mi esposo en los gastos de la casa, pero no podemos pagar un alquiler mientras el río vuelve a su lugar".

DOS

El galpón húmedo y frío donde funcionaba la Cooperativa de Consumo de AFE en Paysandú, refugia a trece familias retiradas de la orilla del río. El cincuenta por ciento de las personas son niños. Los tabiques de madera y fibra separan los pequeños espacios donde habita cada familia.

Esther comentó: "Estamos bastante mal. Nos falta abrigo, aunque comida nos traen día por medio. Tengo a mi hijita con congestión hace una semana. Quisiera que me consiguieran alguna frazada porque cuando cargaron las cosas perdieron todo. Hasta el primus. A otra muchacha le robaron todo. Son los que andan en las chalanas sacando gente…".

En otro rinconcito, tres familias comparten el primus y la poca comida que día por medio trae la intendencia. Doña Francisca un poco desesperada por la situación que vive dice: "Tengo solo mi trabajo, que no es mucho… ¿Con qué dinero voy a pagar una cuota del Banco Hipotecario?

Otra vecina, por su parte indica: "Lo que gana mi marido apenas da para comer y nada más. Nos dicen que el problema es nuestro, que vivimos así porque queremos…".

Esta es la historia… la creciente otra vez… El Uruguay se trajo desde sus afluentes toda el agua llovida en el sur brasileño. Otros vecinos no hablan, solo miran. En sus ojos se nota la angustia que están viviendo. Sin embargo, el frío y la humedad de galpón de AFE son mejores –pero no mucho - que la helada "allá abajo en la orilla", según dice. Todos volverán al río; los del galpón, los de los corrales de abasto, los de los vagones de AFE, los que están en casas de familia, todos regresarán. Pero después de un tiempo otra vez vendrá el agua. Tarde o temprano, el agua vuelve y la historia se repite. Nuevamente marcharán a un galpón… y nuevamente perderán mucho de lo poquito que lograron juntar en tiempos de "agua mansa"…

Así en Salto… así en Paysandú… La realidad de los pobladores cercanos a las orillas del Uruguay solo sale a la luz cuando el río ya entró en sus casas.

RECUERDOS DEL MOTOCAR
Soñando que vuelve el tren

La vieja locomotora fue parando, estornudó y sin mirar hacia atrás quedó ahí, sobre las rieles, quietita, como pensando en la vida que había llevado. El paisaje, entristecido porque al final de cuentas le arrancaban un pedazo de su cuerpo, bostezó y se echó a dormir. La gente quedó soñando escuchando aquella última pitada como el grito del que se despide, sin querer irse...

UNO

"En el año 54 había un tren especial que salía de Tacuarembó a las cinco de la mañana y traía a todos los estudiantes de la escuela industrial de Guichón y se iba por las tardes. ¡Pero era una romería!... Hay anécdotas de ese tren: se dio el caso que tenía música propia: un músico que se subía en Tacuarembó y venía tocando todo el viaje, esperaba y volvía tocando... Pueblos enteros se movían a través del ferrocarril..."

Esa historia me la contaba un vecino de Guichón. La vitalidad y el alma del pueblo dependía en gran parte de ese servicio. Quienes más lo utilizaban eran la peonada, para llegar a la zafra, los gurises para ir a la escuela, el pobrerío del campo para comprar mercadería o ir al médico… Hoy, de esto queda el recuerdo y la necesidad de que el tren de pasajeros vuelva recorrer sus vías…

En enero de 1991 se cumplieron tres años de la medida que dejó a diferentes puntos del país prácticamente aislados. Con el transcurso del tiempo, el habitante de la campaña fue percibiendo la falta del ferrocarril y vio la necesidad de juntarse para luchar por la reimplantación del servicio. Ya no cree ni acepta el verso de que es deficitario; la realidad le mostró que sin trenes gran cantidad de pueblitos terminarán desapareciendo. Cuando estuve en Guichón, constaté lo que significaba para sus habitantes la pérdida del tren que hacía el recorrido Tacuarembó - Paysandú, presencié la bronca, la indignación y la firme voluntad de pelear que expresaban sus pobladores.

Edgar Silveira de la Comisión de Vecinos de Guichón, comentaba: "Pueblos enteros nacieron a la vera del ferrocarril y con la resolución que tomó el gobierno de suprimirlo no sé qué pasará con ellos". El denominado servicio alternativo de ómnibus no colmó las expectativas de la gente.

"Todos los días –cuenta Silveira - sale un ómnibus de Paso de los Toros que llega a Guichón a las nueve de la mañana y sigue a Paysandú. Los muchachos de la zona van al liceo de Guichón a las nueve de la mañana llegan una hora tarde. Debido a eso perdió las clases una gran cantidad de alumnos. Por otro lado, el costo de los pasajes es muy elevado. La mayoría de la gente del lugar trabaja de peón en las estancias; con el sueldo que tienen no pueden mandar a sus hijos a estudiar. De Piedra Sola iban veinte alumnos y ahora no va ninguno. Los hijos de los estancieros se van a Montevideo o Paysandú, porque no tienen problemas. ¿Y los hijos de los peones?... El otro día me permití preguntarle al Ministro en una carta, si él estaba comprometido en crear mano de obra barata para las estancias, porque ese es el único destino que le queda al muchacho, al no estudiar".

DOS

A la zona que abarca Moratón, Arbolito y Tiatucura llega el ómnibus una vez por semana. Los pobladores se atienden en el Hospital de Guichón pero solo pueden viajar el día que hay locomoción. "Una señora trajo una niña enferma un viernes –comenta Silveira - , la atendieron y le dieron de alta porque se había curado. Como no tenía en que volver, ni medios para comer en Guichón, o pagarse una pensión, tuvieron que internarla nuevamente hasta la otra semana en que recién pasaba el ómnibus".

El comercio de Guichón está sufriendo pérdidas muy importantes. Fabre, representante del Centro Comercial en la Comisión Pro Reimplantación del Servicio de trenes para pasajeros, señaló: "Las panaderías no pueden mandar pan para esos lugares porque el flete que aplican las empresas de ómnibus es muy caro: seis mil presos por bolsa. La bolsa de galleta termina costando catorce mil. El precio del pan que va a comer el pobre hombre de campaña se ve incrementado en un cien por ciento".

TRES

La Comisión que busca la reimplantación del servicio es sumamente pluralista. En ella participan los diferentes sectores sociales de Guichón e integrantes de todos los partidos. "Nuestra lucha es apartidaria –dice Fabre - . Participa en ella el conjunto de la sociedad guichonense. Sin embargo, la decisión de reimplantar el ferrocarril es política y sabemos muy bien quiénes la deben tomar". Por su parte Silveira señaló: "Yo soy batllista y la gente me dice: "Estás yendo contra tus correligionarios. Pero yo estoy a favor de mi gente y no sé si esos que tomaron la decisión de suprimir el tren son mi gente".

La población se fue juntando por encima de partidos; se sucedieron movilizaciones que sacudieron la modorra de esa vistosa villa sanducera; se realizó un congreso popular en el que participaron decenas de vecinos.

Gracias a la movilización, lograron que el directorio de AFE tratara el tema de la reimplantación del servicio Tacuarembó - Paysandú y también la promesa de varios políticos que en su momento apoyaron la supresión. ¡Claro!, las elecciones estaban cerca y pronunciarse contra los vecinos significaría perder votos… Sin embargo, en el directorio, la mayoría colorada de aquel momento, como la blanca de hoy, dijo no al pedido de los guichonenses que siguen soñando… con que vuelva el tren…

CUATRO

Ya cuando me marchaba, sobre la majestuosidad de la Cuchilla de Haedo me imagino un motocar, como el que trajeron los ingleses… surge como un fantasma, viene trayendo esperanzas y dibujándole una sonrisa a la gente… pero luego se marcha lentamente… ni la sombra queda…

HISTORIAS DE HOSPITAL
La vida cotidiana

UNO

Cuando se cerró la puerta de la Dirección del Hospital se escuchó el grito fuerte y amenazante de don Antonio.

- A ver si parás con esas denuncias que hiciste al Ministerio.

- Acá me están persiguiendo y yo no le hice nada a nadie. Quieren sacarme de chofer y mandarme de limpiador. Además me multaron con cinco días de sueldo –retrucó Santiago Ross sin retirar la vista de los ojos del director. Luego continuó.

- Primero me sacaron los traslados de enfermos a Montevideo, que era una entrada extra, y ahora quieren sacarme del puesto y bajarme el sueldo…

- Las denuncias me comprometen. Aunque sean contra Iriarte (administrador del hospital) y Viera (jefe de choferes), me comprometen. Yo no quiero hacer rodar cabezas.

- Yo no voy a pagar cosas que no hice. En el Ministerio dijeron que es ilegal bajar a uno de categoría. Además, sin justificación.

- Mirá Ross, acá las normas las hago yo.

Allí terminó la conversación… Santiago se paró, miró fijo a don Antonio Chiesa y señaló: "No voy a parar con las denuncias". El director del hospital sonrió irónicamente. Pensaba que podría aplastar a Ross como a un mosquito que molesta; por lo tanto, no se preocupó mucho. Hombre conocido en Tacuarembó, primo del Intendente, candidato a diputado por la lista 36 del Partido Nacional en las elecciones de 1989: Chiesa se quedó sin parlamento pero con hospital. Allí se rodeó de gente de su confianza; el administrador Iriarte y el jefe de choferes Viera, que trabajaron en un club de la 36 antes de las elecciones.

Viera antes de llegar al hospital trabajaba en la cantera de la Intendencia pero Iriarte pidió que pasara en comisión porque precisaba un jefe para los choferes de las ambulancias. No tuvo en cuenta para el cargo a Alcides Fernández, que trabajaba en el hospital hacía 32 años, de los cuales unos cuantos dirigiendo ambulancias, o a otros conductores con más de diez años de antigüedad. En la Intendencia, Viera había tenido algunos problemitas.

Hombre de revólver al cinto, un día anduvo a los tiros con otros trabajadores… El intendente, Sergio Chiesa, preocupado con la cantidad de empleados que tiene la Comuna, gente que él tomó antes de ser reelecto (en Tacuarembó dicen que es más fácil saber quién no trabaja en la Intendencia Municipal de Tacuarembó, que quien trabaja), decidió comenzar a pasar funcionarios en comisión para otros sectores públicos.

Unos cuantos aterrizaron en el hospital de su primo. Viera marchó en ese grupo. Así don Sergio se sacó un problema de encima al librarse del belicoso tira - tiros y quedó bien con su primito mandándole un amigo. Como jefe llegó entonces Viera, y para que no se tuviera dudas comenzó a actuar rápidamente como un verdadero patrón, persiguiendo solapadamente a quienes no pensaban como él. "Vos no vas a tener más traslados a Montevideo", le dijo un día a Ross. Este no entendió, ya que nunca había tenido problemas con nadie, ni había chocado la camioneta… "Quizás mi 'defecto' esté en no pertenecer a la lista 36", pensó.

DOS

Ross quedó excedente de AFE cuando se sacó el servicio de pasajeros y hacía dos años que estaba trabajando en el hospital. Era frenteamplista y además no permitía que le levantaran la voz. Como no había motivo para acusarlo, Viera le gritó poniendo cara de malo. Con voz fuerte le dijo:

- Vos estabas con una mujer en la pieza.
- Eso es mentira, replicó Ross.
- Son todos iguales. Hay que terminar con los comunistas y poner gente nuestra, sentenció Iriarte.

Le hicieron un sumario con cinco días de multa y lo amenazaron con pasarlo a la limpieza. Ante eso, Ross pidió los días de licencia que le quedaban por cumplir, vio un abogado y presentó denuncia en el Ministerio de Salud Pública (del que depende el hospital tacuaremboense). Días después fue por el hospital y tuvo una conversación con el doctor Antonio Chiesa, en la que este le señaló entre otras cosas: "Si seguís embromando te va a pasar lo mismo que a Martínez, el del lavadero… vas a volar…". Se refería a un trabajador del sector de lavado con el que la Dirección del hospital tuvo problemas y decidió sumariar y echar. Pero rebajar de categoría, sancionar, sumariar sin motivos, traer gente que sobra en la Intendencia, perseguir gente que "no sirve", conforman la vida cotidiana de este edificio blanco ubicado en la calle Treinta y Tres de la ciudad de Tacuarembó. Silva, un trabajador administrativo que tuvo una discusión con el administrador, casi termina pelando papas en la cocina. Querían sacarlo del sector, Guillermo Rodríguez, otro chofer que realiza los horarios del fin de semana, fue sancionado por negarse a trabajar tres fines de semana seguidos.

Al domingo siguiente de la suspensión llegaron a su casa para que fuera a realizar el horario de 14 a 22 aunque era su día libre. Fue amenazado que si no iba, sería despedido. Yamandú Barrios dirigía un día la ambulancia, volvía de trasladar un paciente a Montevideo, cuando de repente lo chocaron. Fue a la comisaría, realizó la denuncia y cuando regresó a Tacuarembó enseñó el parte policial en el que se establecía que no había tenido la culpa en el accidente. Sin embargo, entre Viera e Iriarte decidieron sancionarlo y eliminarlo de los traslados de pacientes a Montevideo por dieciséis viajes, lo que significó perder un extra de cien mil pesos en cuarenta días.

Tiempo después, luego de realizar un viaje a la capital, Viera retornó con la puerta de atrás rota como consecuencia de un impacto con otro vehículo, y sin el parte policial que justificara su inocencia en el choque. En ese caso el administrador dijo: "lo chocaron de atrás; por eso no se lo sanciona".

Tanto Santiago Ross como Yamandú Barrios denunciaron ante el Ministerio la situación de persecución que se vive en el Hospital de Tacuarembó, así como las irregularidades que se cometen, pero todavía esperan por la respuesta.

Mientras recorría el hospital, uno de los trabajadores me dijo con un poco de temor: "Esto no es un Centro Asistencial, es un centro político; el que está del lado del Director se acomoda. Las ambulancias están al servicio del administrador, llevan y traen a la empleada de su casa. Tenemos cuatro vehículos y a veces se necesita uno para llevar un enfermo o ir a buscarlo a la campaña y no hay ambulancia. Es porque están haciendo algún mandado para Iriarte".

TRES

Tal vez para terminar esta historia lo mejor es volver al principio. Ese diálogo entre Ross y el director Antonio Chiesa pinta la realidad del Centro Asistencial de Tacuarembó: el poder de aquellos que se consideran sus dueños y la impotencia de los trabajadores. Hay dos actores que no entraron en escena: uno es la Junta Departamental, que ojalá comience a preocuparse por este costado de la vida cotidiana tacuaremboense. El otro actor es la unidad y solidaridad entre los trabajadores del hospital para que pueda terminarse con esos desmanes que muchas veces –como tantas cosas que ocurren en el Interior - pasan desapercibidas.

EL CUARTO OSCURO
Originalidad en la Piedra Alta

Aquel día 6 de julio de 1990 la muy tranquila barriada de Piedra Alta amaneció disfrazada la realidad. Era natural. Por primera vez en la humilde pero rica historia del lugar, sus habitantes decidieron hacerse conocer. "El galpón de Almacenes Unidos está abandonado, hace tiempo que la gente se lleva cosas de ahí, está lleno de mercancías y en nuestra casa hoy muy poco", pensaron. Y el pensamiento se irradió como mensaje telepático. A las dos y media de la tarde, más de cien personas entraron al depósito y se llevaron casi todo lo que había.

A las tres y media Radio Libertador de Florida transmitía la noticia del saqueo masivo. El periodista, entre sorprendido y atónito, señalaba: "Mientras recorremos los galpones, nos encontramos con gente que está levantando lo que queda. Esto es tierra de nadie".

Almacenes Unidos era una firma próspera que pertenecía a los hermanos Tresa, gente con algún dinero; pero un día de junio, allá por 1982, dieron quiebra, dejando muchas deudas, incluidos los empleados. Entonces se inició un juicio para embargar el depósito ubicado en Aparicio Saravia y 19 de Abril. El recinto fue lacrado judicialmente y todas las mercaderías quedaron adentro: botellas de whisky, caña, vino, decenas de cajones de refrescos, miles de frascos de mermelada, cientos de quilos de azúcar, máquinas de escribir, de calcular, heladeras, una infinidad de artículos… y pasaron los años. Y las mercancías se mantuvieron allí, sin ser rematadas, hasta que un día (hace tres meses) alguien decidió entrar y llevarse algo. Se corrió la voz y, de a poco, los vecinos se fueron llevando alguna cosita.

"La gente de aquí es muy humilde, dice un vecino. Cuando se dio cuenta que el depósito estaba lleno empezó a llevarse cosas. Si no servían para comer, las vendían. En las últimas festividades de San Cono había puestos donde se vendía whisky y caña sacados del galpón".

Tiempo después de que la radio comenzara a difundir la noticia llegó la policía. Los patrulleros se llevaron quince personas presas: nueve mayores y seis menores. Minutos después el locutor relataba: "Les queremos decir que en las estanterías hay muy pocas cosas, se han llevado hasta las máquinas que estaban depositadas en el local. Hay cuadros y marcos rotos, papeles por el piso y todas las puertas están abiertas… En este momento hay gente que sigue entrando al local, cuando apenas hace instante la policía llevó a quince personas detenidas".

Más tarde, los muchachos que estaban en el galpón decían: "Acá robamos pa'comer", mientras uno de ellos gritaba: "me voy a empachar de tomar Pepsi y comer mermelada". Vivían un sueño… pocas veces verían un refresco o un frasco de dulce en sus mesas…

Pero ellos no son los únicos que han aprovechado la situación; otro vecino cuenta: "La noche anterior al saqueo un policía se llevó una heladera en una camioneta. Varios milicos se han llevado cosas".

Al caer la tarde, el periodista de Radio Libertador seguía relatando sucesos que Florida estaba acostumbrada a ver solo en las informaciones que llegaban desde el exterior: "Prácticamente no queda nada, había torres de cajones de refrescos y no hay ninguna, máquinas de escribir, de calcular, biblioratos, bolsas de azúcar… todo lo que había marchó. Estamos viendo como la gente entra y se lleva algo… Esta noche ya no habrá nada". Proféticas palabras: en la noche la gente entró y se llevó el resto.

A los hermanos Tresa no les preocupó; el depósito ya no era de ellos, sino del Banco… Según algunos vecinos, cuando embargaron Almacenes Unidos "los Tresa alcanzaron a llevarse muchas cosas que, si no las vendieron, las deben tener guardadas en algún otro galpón…"

Los detenidos fueron liberados por disposición judicial tras incautarles las mercancías que tenían.

Hoy, la lluvia cae sobre el puente que da a la antigua entrada a Florida, un puente que dejó de ser entrada porque no soporta vehículos pesados… "Es una herencia de Montesdeoca", dice una muchacha, refiriéndose al ex Intendente de Florida y actual Ministro de Industria y Energía. Frente al Prado de la Piedra Alta, por 19 de Abril, todavía están marcadas las sombras, los cuentos que surgieron tras el saqueo…

Y son muchas las anécdotas que quedaron, porque comenzó una historia que no estaba escrita en nuestro país… Una historia que no se parece, por lo original a ninguna otra que haya ocurrido en los últimos años;

respuesta sin duda heterodoxa a las poco originales medidas económicas del gobierno.

¿Qué pasará mañana con tanta originalidad? El saqueo masivo ya no asusta: es una realidad tangible, un camino por el cual pueden comenzar a entrar, desde el 6 de julio, todos los olvidados por la economía… Cuando las soluciones no aparecen, la gente no ve otra posibilidad que meterse en el cuarto oscuro y buscar la luz.

POBLADO COLÓN
Entre el petróleo y la realidad

Hace treinta años, en Poblado Colón, desde un pozo de tres metros de profundidad, brotó un líquido con olor y semejanza a hidrocarburo. "Petróleo en Lavalleja", la noticia corrió rápidamente. Los diferentes estudios realizados fueron contradictorios y nunca quedó clara la existencia o no del codiciado "oro negro". Unas semanas atrás volvió a surgir la versión. Esta vez el promotor fue el diputado Gonzalo Piana, que aseguró haber efectuado "estudios" que comprobarían la existencia de petróleo a ochocientos metros de profundidad. No hay pruebas científicas que respalden su afirmación. Sin embargo, los trescientos habitantes del poblado, que viven en el más absoluto aislamiento sueñan con que lleguen torres elevadas y, quizás con ellas, mejores días.

UNO

Poblado Colón. Muy pocos uruguayos habían oído hablar de esta aldea ubicada en una esquina perdida de las sierras minuanas. Un rinconcito del noreste de Lavalleja solo recordado a partir del petróleo; un pueblo que tiene luz eléctrica hace nueve años, escuela para una población cinco veces mayor, iglesia que sigue esperando cura, oficinas de correo cerradas, ómnibus que pasa a cinco quilómetros y comisaría de un solo funcionario. Donde no llega prensa escrita ni ondas de TV y solo algunas radios.

El caserío lo componen seis manzanas con casas humildes de calles estrechas, casi laberínticas, a un lado de la ruta. Al otro lado se está construyendo, a instancias del Banco Hipotecario, dieciocho nuevas viviendas para las que se asegura existirán ocupantes… Eso es poblado Colón. La incomunicación y el olvido en que se lo tiene por parte de los políticos han sido de tal modo extremados que resulta un mal chiste acordarse de él solo para decir que tiene petróleo, sin análisis científico convincente; o aparecer en la prensa como abanderado petrolífero, cuando se viene hablando del fenómeno en la zona desde hace ya treinta años, sin que se haya comprobado la existencia de hidrocarburos. Sin embargo, hay una realidad sí comprobada, de la que no se habla: la falta de trabajo, la situación de los jóvenes, el latifundio que va ahorcando el pueblo; en fin, su eterna soledad.

DOS

La historia de una joven que vive en Colón es, en líneas generales, la misma de tantas que terminaron la escuela pero no pueden ir al liceo por la traumática situación económica. La historia de alguien que vive esperando un milagro para cambiar su vida, llena de monotonías, atiborrada de "muy poco" o "casi nada", preñada de cosas sin hacer y sueños siempre postergados.

En la caminata converso con Mariana Toledo y Sonia Ramón, dos gurisas de diecisiete años que son un calco de la mayoría de las jóvenes del lugar. "Acá no hay nada para hacer –dice Mariana - , solo bandidear un poco y, cuando hay, ir a los bailes de la escuela. Me gustaría seguir estudiando pero el ómnibus que va hasta Lorencita, que es donde hay liceo, pasa a cinco quilómetros de Colón, por el empalme, y para llegar hay que tomar el taxi de aquí que cuesta plata".

Si es difícil estudiar, mucho más lo es trabajar, ya que la única fuente de trabajo son las estancias; pero ya son muy pocas, los latifundios se fueron comiendo las pequeñas haciendas y como consecuencia, las oportunidades de obtener trabajo.

"No hay donde trabajar –dice Sonia - y la gurisada se va para Maldonado o Montevideo a buscar trabajo que no siempre consiguen. Los que se quedan hacen alguna changa de vez en cuando". Mariana, con una sonrisa, mezcla de rabia e ironía, pero asumiendo la realidad, exclama: "De Colón no se acuerda nadie, está olvidado. La única manera de que se preocupen es el petróleo. Si se explota y la plata queda en el país, si no se la llevan, tendríamos más posibilidades en nuestro pueblo". Por su parte, Sonia señala: "Nosotras queremos quedarnos acá. Yo nunca salí de Colón y me gusta; además están mis amigos. Ojalá hubiera petróleo y el pueblo mejore".

Así les va la vida. Están en Colón doliéndose de su suerte pero entregadas a ella, subidas en un barco que sigue su rumbo, olvidado del tiempo, porque perdió los segundos tras el anhelado oro negro.

TRES

Las tierras linderas al pueblo están en manos extranjeras: holandeses, brasileños, argentinos y norteamericanos son los propietarios. En un cruce de calles cerca de una plaza que parece abandonada hablo con Amanda Madeiro, una simpática, conversadora y servicial señora, con su pelo ya grisáceo.

"Acá no hay dudas que tenemos petróleo –dice - pero no lo buscan porque no les conviene que se descubra. Solo se va a perforar cuando quiera Estados Unidos, pero mientras no quiera es en vano esperar. Con el petróleo este pueblo y todo el país saldría a flote. Colón está perdido en el campo; para que llegue una carta hay que esperar casi treinta días porque no hay correo ni ómnibus. La gran mayoría de las estancias que lo rodean son propiedad de extranjeros todo eso es muy lamentable".

El viento comienza a soplar fuerte y el frío no se hace esperar, decido entrar en un boliche, donde converso con Salvador Tajes, su propietario. "Si no hay petróleo aquí, no hay en ninguna parte –señala - . Yo era un tropero y todavía me acuerdo cuando iba tropeando y a veces me bajaba del caballo y al pasar la mano por el pasto sentía un líquido aceitoso. Esta es una zona rica, hasta oro tiene. Y como todo pueblo tiene también su lujo, que es la escuela donde se realizan las pencas, los asados con cuero, los bailes…".

CUATRO

Hace treinta años llegó al Uruguay, contratado por ANCAP, el científico francés Pierre Beraud, Director del Departamento de Microbiología Industrial del Instituto Pasteur de París y catedrático de La Soborna, a quien se le encargó expresamente el estudio de los afloramientos (supuestamente petrolíferos) producidos en el noreste de Lavalleja.

El científico llegó hasta Colón, tomó muestras de las substancias que emanaban de la excavación de un pozo negro y luego de varios análisis comprobó la presencia de cierta salinidad muy similar a la encontrada en zonas de la Unión Soviética donde hay petróleo. Presentó un informe señalando que existían probabilidades de encontrar hidrocarburos allí, pero ANCAP dispensó a Beraud y mandó realizar otro tipo de estudios, manteniendo una posición incambiada hasta hoy, señalando que este territorio es un apéndice de la laguna Merín, lo que indicaría pocas probabilidades de que existiera petróleo, por lo que no valdría la pena hacer una inversión tan importante como la que requiere una excavación.

Muchos especialistas pasaron por la zona dando diversas opiniones, pero en todo caso dejando claro que solo la perforación daría la última palabra y demostraría si realmente existe o no petróleo en la zona.

CINCO

Llegué a Colón queriendo conocer más sobre este poblado donde habría petróleo… Quería descubrir el pensamiento de su gente (por lo menos en parte), sus esperanzas, sus sueños, y me encontré con una realidad que golpea a primera vista. Me topé con la soledad y la pobreza de una población que se sabe de memoria que está olvidada y que las tierras de los alrededores no le pertenece… pero igual mantiene una chispita de esperanza porque se siente dueña de un terreno "rico en hidrocarburos". Una población que vive entre el petróleo y la realidad.

MINA DE VALENCIA
El nombre de la dolomita

Cien millones de dólares en bonos de deuda externa y la dolomita de Valencia fue a parar a manos argentinas. En 1970 este mineral era fuente de trabajo para setenta familias, sin llegar a explotarse lo suficiente. Hay demanda de diferentes países industrializados para revestir aviones y hornos. El Banco República intervino la mina durante la dictadura. Hace años que está parada. Hay juicio de la propietaria del Banco. Una comisión parlamentaria estudia posibles irregularidades cometidas por la intervención, así como las posibilidades de explotación. La mina fue vendida antes de que esa comisión se pronunciara. El último viernes del año pasado surgieron los compradores. Esta es la historia.

UNO

Lavalleja es una zona rica en minerales, que si bien no se llegaron a explotar lo suficiente, representaron siempre una importante fuente de recursos económicos para el departamento. Desde la época colonial, el desarrollo de la explotación minera tuvo mayor intensidad y frecuencia que en el resto del país; sin embargo, nunca se logró encararla en forma sistemática. ¿Por qué? Intereses, negligencias, de todo un poco.

Pero cuando se habla de minerales redituables económicamente, surge de inmediato la idea de petróleo, oro, plata, hierro o cobre, ignorando otras posibilidades. La dolomita es una de ellas. Roca compuesta por carbono de calcio y magnesio, se utiliza como materia prima en la construcción de satélites y en el revestimiento de hornos metalúrgicos y aviones de alta velocidad, ya que resiste la fricción y las altas temperaturas.

Nuestro país posee grandes yacimientos de dolomita de mucha pureza, como es el caso de Mina de Valencia, al sureste de Minas; Zanja del Tigre en el límite entre los departamentos de Lavalleja y Maldonado; Barriga Negra, sobre las costas del Arroyo del Medio, y de algunas zonas de Rocha.

DOS

El primer yacimiento en explotarse fue el de Mina de Valencia, considerado uno de los mayores del mundo, ya que sus reservas pueden durar hasta el año 2014. En Uruguay la dolomita siempre se vendió sin procesar, pero la utilización de este mineral no está limitada a los satélites, los hornos o los aviones: el país tiene el privilegio de que sus yacimientos estén cercanos al océano, por lo que –mediante un tratamiento especial de la dolomita con agua de mar - se podría obtener al año una media de 12.000 toneladas de yeso, 80.000 de sal, 15.000 de magnesia (insustituible como revestimiento básico de hornos de acero, cobre, etcétera) y 2.000 toneladas de potasio, según apunta el ingeniero químico Jorge Bossi en su libro Recursos Minerales del Uruguay. Esto significaría un considerable ahorro de divisas por producción de sal, yeso y sulfato y generación de las mismas por exportación de magnesia refractaria. Pero para eso se requieren algunas inversiones.

De Mina de Valencia se extrajo dolomita durante muchos años, para luego exportarla con un proceso muy rudimentario, constituyéndose en fuente de trabajo para setenta familias. Pero un día, durante la dictadura, la propietaria de la mina se endeudó con el Banco República y el Directorio de entonces decretó su intervención. Ya hace varios años que no se extrae dolomita. La propietaria, Lydia Díaz de Ayala debía 41 millones de dólares, pero demandó al BROU en 40 millones por el desmantelamiento y los diferentes daños que se habrían producido durante la intervención. Las acusaciones mutuas se sucedieron sin llegar a un acuerdo y sin que la Justicia se pronunciara.

Este año, a pedido del "diputado petrolero" de Lavalleja, Gonzalo Piana, se formó una comisión parlamentaria encargada de estudiar las posibles irregularidades y a viabilidad de Mina de Valencia. El viernes 28 de diciembre del año pasado (día de los inocentes), según información del diario La Unión de Minas, llegaron al departamento para conversar con Piana dos empresarios argentinos interesados en la dolomita.

Luego de esa entrevista, los empresarios argentinos conversaron con los directores blancos del Banco República. Los argentinos ofrecieron comprar el 50 por ciento de las acciones de Mina de Valencia por cuarenta millones de dólares en bonos de deuda externa. Quedaría así saldada la deuda de la propietaria con el República, se eliminaría el juicio y ella permanecería siendo dueña de un 50 por ciento. Tanto el Banco como la propietaria estaban de acuerdo, pero la cercanía de las fiestas y los primeros días del veraniego enero dejaron la transacción en suspenso.

TRES

El martes 22 de enero, la propietaria se reunió con su abogado, doctor Alfredo Cambón, y con el gerente de la mina, Andrés Laborite. El jueves 24, abogado y dueña mantuvieron una conversación con Emilio Berriel, Presidente del Banco República. Llegaron a un acuerdo. Se habló de cien millones de dólares por toda la Mina desestimando la primera propuesta. Por lo tanto los compradores pagarían al BROU cien millones de dólares en bonos de deuda externa, quedaría sin efecto el débito y el juicio que comprometían al Banco y la propietaria, y el Banco República entregaría cincuenta millones de dólares a la dueña. Así la Mina de Valencia pasaría totalmente a manos de capitales argentinos. Teniendo en cuenta la capacidad de producción y la demanda de dolomita en el mercado, cabría preguntarse por qué no se la hizo producir. Los inversores saben bien que los dólares pagados por los bonos podrán recuperarlos en dos años.

Con este brillante negocio, el Banco República se queda sin mina y con cincuenta millones de dólares menos, la propietaria con cincuenta millones en el bolso, los trabajadores que perdieron su empleo sin reparo, los empresarios argentinos con una mina por ciento cincuenta años, los Bancos extranjeros con unos cuantos millones de dólares de la impagable deuda externa cobrados ¿Y el diputado Piana? Él sabrá.

Cabe esperar qué ocurre en los próximos días. Por lo pronto, la comisión parlamentaria no dejará de actuar y se espera que exprese su posición antes de abril; quizá de allí surjan nuevas puntas.

El episodio de Minas de Valencia forma parte de la poca preocupación oficial por la defensa de los recursos naturales. Hasta que algún gobierno no tome cartas en el asunto y planifique adecuadamente la explotación de minerales, seguirán llegando extranjeros para adueñarse de los mismos. Quizá sea hora de que las intendencias comiencen a actuar reivindicando con más fuerza su autonomía para que comience a cambiar en algo el estado de las cosas.

LA JODA DE LOS TU - TU
...empadronados en Flores

Algunas empresas importadoras de autos vieron que tras una reglamentación departamental de Flores (que facilita el reempadronamiento de autos viejos remodelados), se escondía la posibilidad de un buen curro, haciendo pasar coches nuevos por vehículos reciclados, para luego vendérselos a ciertos clientes con la misma voluntad de currar, comprando por 20.000 dólares autos de 50.000. Fueron setenta y ocho "autitos" –hasta nueva información - los empadronados al amparo de esta reglamentación.

De la documentación administrativa que existe en la Dirección de Aduanas, en la Junta Departamental de Flores y en los expedientes judiciales en Trinidad y Montevideo, se desprenden los nombres de los diputados Francisco Ortiz (herrerista de Treinta y Tres) y Nereo Lateulade (jorgista de Tacuarembó), el director del Banco Previsión Social Héctor Goñi Castaleo y el director de Secretaría del Ministerio de Industrias Andrés Merino Pacheco.

La gran joda (que supera el millón y medio de dólares) que involucra a estos hombres públicos uruguayos y a sus tú - tú de lujo, dio lugar a una tormenta política, levantando un intercambio de gruesas acusaciones entre blancos y colorados. El intendente de Flores, Walter Echeverría (grupo de "El Cordobés"), dijo que había conocidos políticos de los partidos tradicionales que

andaban en autos yutos. El diputado del Foro Batllista
Ramón Pereira Pabén vinculó la presencia en Trinidad del
diputado Juan Raúl Ferreira y los intendentes, de Durazno,
Raúl Iturria; de Paysandú, Jorge Larrañaga y de Cerro
Largo, Rodolfo Nin Novoa, con un intento de presión
política sobre el juez encargado del caso, y acusó a
Echeverría de cómplice de los acusados, al no dar
nombres. El diputado Luis Alberto Ferrizo, del herrerismo,
señaló que "el asunto grande estaba en Montevideo, ya que
los vehículos entraban al país como piezas de recambio
pagando el cinco por ciento". El diputado Marcelo
Antonaccio, del Batllismo Radical, manifestó que la
situación fue mal manejada por el intendente de Flores y
acusó a Ferrizo de haber tratado de mejorar "su infeliz
gestión ensuciando gente".

El diputado Ortiz dice que "por comprar un auto
usado no cometía ningún ilícito. Si alguien tiene la culpa
de que estos autos circulen es la Intendencia de Flores".
Olvida tal vez que su esposa y uno de sus cuñados
aparecen vinculados a los empadronamientos. ¿Será solo
coincidencia? El batllista radical Lateulade, por su parte,
reconoció haber comprado una gasolera de procedencia
alemana reempadronada en Flores, y agregó que quien
tuviera una prueba contra él "la presente".

El diputado frenteamplista José Díaz pidió informes
al Ministerio del Interior y al de Economía, para saber si
conocían las irregularidades, y los senadores Hugo Batalla
y Pablo Millor manejaron la posibilidad de plantear una
cuestión de fueros.

A pesar de que en el fraude estarían implicados varios
peces gordos de los partidos tradicionales e importantes

empresas automotrices (encargadas del pingüe negocio de la importación), hasta ahora solamente fueron procesados algunas majugas.

Mojadura va, mojadura viene: los tiburones saben nadar en su propia agua. ¡Viva la joda!.

Empresa promueve turismo cinegético en Rocha. Diez mil dólares para cazar en el Parador San Miguel. Delitos varios contra la fauna del Departamento. Miles de patos muertos por extranjeros. Las avionetas los cargan en Punta del Este. Estos son algunos de los detalles de...

Una historia de aves que no son patos

UNO

En la zona del Parador San Miguel, al este del país, en Rocha, patos criollos que no vuelan, mueren... y los que no mueren son llevados en avionetas sin matrícula que parten cada cinco días del aeropuerto de Punta del Este, con rumbo desconocido. Miles de aves son víctimas de cazadores extranjeros, que pagan a la empresa Bren S.A. (Concesionaria del parador) 10.000 dólares por incursiones en la zona.

Está prohibido cazar patos criollos, porque corren peligro de extinción, el Ministerio de Ganadería, Agricultura y Pesca dice no haber otorgado permisos. La Intendencia de Rocha señala que intervendrá en el asunto y acusa al Ministerio de burocrático. La empresa concesionaria aduce que está legalmente constituida y se dedica a patrocinar el turismo cinegético. El Ministerio de Turismo, que adjudicó la concesión (quizás pensando que en boca cerrada no entran moscas) no se hizo el pato, pero sí el oso y no habló. Homero Mieres, director de la Escuela Nacional de Ecología Aplicada enfatizó que este tipo de caza humilla al país. ¿Y los patos?... cuac (si les dan tiempo).

DOS

Hasta junio de 1990 el señor Luis Brown visitaba el Chuy cada cinco días proveniente del Parador San Miguel. Llegaba lentamente a la ciudad y se dirigía al local de la Transportadora ONDA. Estacionaba su camioneta, miraba hacia su derecha, luego volcaba la vista hacia la izquierda, se aproximaba a la parada de taxis que está frente a la empresa de ómnibus y, luego de conversar unos minutos, contrataba tres autos "para un viaje largo", solía decir. Los taxis se sumaban a dos camionetas y dos jeeps, formando un convoy que marchaba rumbo al aeropuerto de Punta del Este. En el puesto aduanero de frontera, el señor Brown se bajaba, cruzaba unas palabras con el funcionario de turno y seguía el viaje… Los vehículos particulares iban cargados hasta el toldo de patos criollos. En los taxis, tres estadounidenses con sus armas largas y otros equipajes. La velocidad no descendía de 120 quilómetros en la hora.

Llegando al aeropuerto, dos avionetas sin matrícula, con sus motores encendidos esperaban por la carga. Luego de quedar llenas, partían con las aves sin rumbo conocido. Según cuenta un poblador de Chuy, era una historia que se repetía desde marzo. "Hay un tal Rudelfor –comenta el vecino - que alquila el parador para cazar, de marzo a septiembre. Es un tipo de mucho dinero, que nadie sabe para qué ni a dónde lleva los patos… Luis Brown es el que arrienda y se encarga de guiarlos. Les contrata taxis en el Chuy y les organiza excursiones".

TRES

La operatividad del parador San Miguel fue concedida por el Ministerio de Turismo a la empresa Bren S.A., cuyos representantes son Luis Brown y Bernardo Barrán. El lugar fue preparado para realizar el denominado turismo cinegético o de caza que trae cazadores (de Estados Unidos, Francia, Italia, España) dispuestos a pagar individualmente 10.000 dólares para saborear la depredación de nuestra fauna, liquidando a patos y otras aves. En cada salida, los extranjeros (vestidos de guerra) terminan con quinientos patitos Made in Uruguay. De acuerdo con el comentario de un vecino "además de las armas utilizan un pegamento en el que las aves quedan atrapadas", a pesar de que esa substancia está prohibida mundialmente.

Otro vecino preocupado comenta: "He visto decenas de patos tirados en el campo, no solo ahora sino antes de que se abriera la temporada de caza". Como complemento a la caza, el Parador tiene jaulones llenos de pájaros para que los turistas practiquen tiro al blanco. Una de las explicaciones para justificar la matanza indiscriminada de patos es el daño que estos producirían en los cultivos de arroz. Aunque la veracidad de esta afirmación no está comprobada, cuando comienzan a tallar los intereses de algunos productores de arroz, que creen beneficioso el turismo desarrollado por los gringos, muchas autoridades acostumbran a callarse.

CUATRO

El intendente de Rocha, Ireneu Correa, preocupado con la depredación ocasionada al Departamento, se comprometió a llevar a cabo acciones tendientes a detener la matanza de patos, y criticó a la Comisión de Fauna del Ministerio de Ganadería, Agricultura y Pesca por considerarla "burocrática", al no tener respuesta para este tipo de hechos.

El Ministerio, a través de la Dirección de Recursos Naturales No Renovables deslindó responsabilidades y emitió un comunicado reconociendo que si bien está permitida la caza de patos silvestres (con un máximo de veinte piezas por cazador y por día), atrapar patos criollos está prohibido en todo el país, incluso en las zonas arroceras, señalando: "Los permisos de caza deportiva son otorgados por las respectivas intendencias municipales. Esta oficina no ha otorgado en ningún momento permisos especiales a ninguna persona física o jurídica, para la caza indiscriminada de especies de nuestra fauna autóctona".

El comunicado culmina diciendo que periódicamente el Ministerio de Ganadería, Agricultura y Pesca realiza inspecciones en el interior del país. Sin embargo, el señor Lucio Ferreira, vecino de la zona de San Miguel y ex funcionario del Ministerio señaló que la Comisión de Fauna no lleva a cabo ningún control sobre la caza porque solo cuenta con diez funcionarios en todo el país, que además carecen de medios para llevar adelante su tarea.

La empresa Bren S.A. señaló por su parte, que está constituida legalmente y se dedica a fomentar un tipo de turismo "especial", "cuya única responsabilidad de desarrollo pasa necesariamente por la preservación de la fauna y flora autóctona".

El licenciado Homero Mieres, integrante de la Escuela Nacional de Ecología Aplicada (ENEA) señaló que "en lugar de este tipo de turismo que humilla al país, se debía desarrollar un turismo ecológico".

Mieres remarcó que se requería una respuesta rápida de la Intendencia rochense, el Ministerio de Ganadería y el Ministerio de Turismo, y enfatizó: "Lo trágico es que los promotores de este turismo se presentan a las comisiones de fauna de las intendencias como auténticos ecologistas y con argumentos seductores".

CINCO

La UNESCO declaró Patrimonio de la Humanidad al ecosistema rochense. La Convención sobre el Comercio Internacional de las Especies Amenazadas de la Fauna y Flora Silvestre declaró el peligro de cazar patos criollos y pavas de monte porque están en vías de extinción. La legislación vigente prohíbe la caza de pato criollo y limita a veinte por persona las otras especies. La Intendencia de Rocha y el Ministerio de Ganadería, en sus declaraciones parecen estar de acuerdo en proteger la fauna. Más allá de las inquietudes, es necesario investigar y tomar medidas tendientes a solucionar esta problemática. Cabe a la Intendencia rever los permisos de caza, al Ministerio de Ganadería inspeccionar la zona, al de Turismo verificar si sus concesionarios cumplen las leyes y a los tres poner fin a estos delitos contra la fauna rochense.

El cuento no termina ahí... Tras esta historia hay muchas aves, que no son precisamente patos. La matanza indiscriminada es una punta; la otra, necesaria para desenredar toda la madeja, es el destino de las avionetas. ¿Los patos se comercializan en Uruguay pagando impuestos? ¿O salen del país de contrabando? Quizás la empresa concesionaria del Parador San Miguel pueda responder parte de estas interrogantes, pero falta la voluntad.

MONTARACES DEL RÍO NEGRO
Una vida ligada a la floresta

Los montaraces viven bajo el regazo escondedor del monte, entre las maciegas del estero, en los rincones de las quebradas donde sombrean helechos, llantenes y bromelias. Se guarecen en los pantanos, en las lagunas, en las orillas de los ríos: están íntimamente ligados a una realidad de soledades, solo mitigada por el verde de la flora y el inquieto bullir de la fauna. Son apeados cuyo á ámbito natural está á limitado por la floresta. Mimetizados al paisaje, éste penetra en sus secretos hasta confundirse con ellos, y aunque los á árboles no les dejen ver la totalidad del monte, reconocen en cada arbusto un fragmento de naturaleza y, en cada sonido, en cada ramita cortada, encuentran la presencia total del universo.

UNO

Un poco más allá á del quilómetro 329 de la ruta 6, el río Negro se apodera del paisaje hasta perderse en el monte. Los botes miran al agua... Más acá, en un claro, está á el rancho de terrón y paja donde vive Raúl Gadea. A pocos metros, bajo un "bendito", arden algunas ramitas de coronilla ahumando el cielo. Junto al fogón, Raúl y don

Márquez toman mate y conversan sobre el viaje que Gadea, "Polilla", yo y los perros, emprenderemos río arriba en busca de algunos animales para cazar.

Márquez vive en un ranchito a cincuenta metros, no nos acompañara porque debe viajar Montevideo para cobrar una jubilación que tiene por sus años de trabajo en la construcción.

"Mi cuñado cuando estuvo por acá á - dice el viejo - dejó en mi rancho colgada una bandera roja, pero yo no quiero saber nada con la política. Si los políticos no me dan nada. Mire la cantidad de propaganda que dice anduvieron haciendo antes de las elecciones. Gastaron millones. ¿De dónde sale esa plata? De alguna manera se la sacarán a la gente, mientras uno gana una jubilación que no le da para nada. Y eso que yo vivo en el monte, no pago alquiler...".

Gadea hace siete años que vive en la zona. Cuando lo echaron de su trabajo en Montevideo se largo hacia el monte.

"La gente del campo busca trabajo pero no encuentra –dice - , y si lo consigue cobra una miseria, entonces termina arrancando para la ciudad, pensando que va a ganar setenta u ochenta mil pesos y vivir bien. Termina siendo carne de cañón de los 'vivos', tirado en la miseria. Yo hice al revés, me cansé de que me trataran mal en la ciudad y vine para el monte. Allá á en la ciudad tenés que pagar alquiler y si no podés, no tenés donde vivir. Acá á en el río te ubicás en cualquier lado".

En estos años, Raúl aprendió a querer el río y el bosque - que lo cobijan y le brindan la comida - como una parte indisoluble de su vida.

DOS

Aunque el sol calienta bastante, el viento fresco que viene del este penetra por la piel. Lentamente comenzamos a dejar la orilla atrás... por la tierra marchan los siete perros: Tizón, Pantera, Gaita, Sapuca, Rompebola, Pecho y Colita. En el primer tramo recorrido el río está á calmo... la remada es corta, lenta y pareja. Después de dos horas de viaje, cuando nada hacía suponer la presencia de algún bicho interesante, los perros ladran y salen corriendo hacia el monte. Gadea salta del bote y los sigue. Surgen dos jabalíes. Uno de ellos está libre; Gadea apunta y tira. La bala calibre 22 se introduce por la frente del chancho salvaje; este cae. El otro es tironeado por la Gaita y el Pantera hasta el río.

El montaraz salta rápidamente y le atraviesa un facón; como no muere, tiene que ahogarlo. Luego lo arrastra hacia la orilla, lo limpia y da de comer a los perros. Luego cuerea ambos jabalíes y los carga en el bote.

La relación del montaraz con sus perros es muy especial. Son parte de su familia y así los trata: reprendiéndolos cuando desaparecen, alabándolos cuando realizan un buen trabajo. "Siempre intentando ser justos para que no haya celos entre ellos", dice Raúl.

A las cinco de la tarde, ayudada por el viento en un recodo del río, la correntada en contra se hace más fuerte. El bote entra enérgico en la corriente. La proa se incrusta con furia en el sector más violento del río Negro, el duelo es brutal. Sin alterar el ritmo, Raúl y su chalana luchan contra viento y corriente. El bote parece irse contra las rocas, pero no... Al fin vencen. Viento y correntada quedan atrás. Raúl muestra cansancio. Primero fue la lucha a brazo partido con el jabalí, luego la pelea con el río. Sin embargo éste no pudo con él... Vamos marchando despacio hacia el sauce que sirve de embarcadero en la Zanja de los Feos. Allí pasaremos la noche "La última vez que acampamos acá - dice Raúl - , llovía torrencialmente, pero el "indio" Ortega (otro montaraz) que venía con nosotros, no quiso dormir bajo la lona. Siempre estuvo acostumbrado a dormir bajo el cielo, con las ramas de los á árboles por techo... entonces se tapó con su capa y durmió bajo la lluvia". En media hora está á listo el campamento, minutos después nos sentamos junto al fogón a tomar unos mates y charlar un rato.

Raúl - En este río hay mucho bagre y tararira, pero vienen brasileros con redes y levantan pescado en cantidad. Lo guardan en conservadoras y se lo llevan para Brasil. Nosotros pescamos lo necesario para comer y ellos se llevan cajones para otros países.

- El montaraz cuando anda por el monte va dejando marcas en los árboles. De esa forma va mostrando un camino para reconocer en otra oportunidad...

Raúl - Hacemos marcas distintas para saber quién es el que pasó por un determinado lugar. Es una forma de comunicarnos y saber que estamos vivos, porque a veces pasamos meses sin vernos. Ramón Chumica es el que más conoce el monte porque tiene muchos años de montaraz. Sabe cada recodo, cada á árbol, los ruidos... los olores... Ramón es uno de los mejores cazadores: zorro, nutria, jabalí, lobo de río, mampelados... es uno de los pocos cazadores de todo. Solo respeta a los carpinchos porque hay pocos.

Polilla - Es verdad, los montaraces respetan las especies, hay un respeto por la vida de los animales, no matar porque sí.

Raúl - En esta época, por ejemplo, no se puede cazar mulitas porque están flacas y aguachentas pero cuando vienen los puebleros las agarran y se las llevan, no dejan ni siquiera que pasen el período de reproducción, así se terminan...

TRES

En esta zona del país la mayoría de los pobladores votan en las elecciones al partido nacional, sin embargo la actitud de éste cuando el gobierno colorado del Doctor Julio María Sanguinetti decidió suspender el servicio de trenes para pasajeros, no los dejó muy contentos. Antes de la elección de 1989, estuvo el senador nacionalista Zumarán, en campaña electoral, y no fue recibido muy amablemente. A su llegada nomás, un caudillo local le increpó: "hasta que no pase el tren, no vengan a pedir votos".

Raúl - El candidato a presidente, se tuvo que ir volando... Pero a mi lo que me da rabia son las injusticias. A veces uno tiene ganas de matar a los que se aprovechan de los más débiles, pero se tranquiliza... La biblia es la que calma los impulsos... Es bueno leerla desde el Génesis al Apocalipsis. Los salmos y los proverbios son muy lindos...

Polilla - Acá á la mayoría de los paisanos tiene pavor de lo que suene a Frente Amplio, tupamaro o comunista. Durante años les han metido cosas en la cabeza... y para aclarar la verdad hay que arrimarse hasta estos lados, convivir un poco con esta gente.

Raúl - Ramón Chumica es un conocedor de la vida, seguido está á hablando de la justicia. Dice que los grandes siempre se arreglan y por eso los chicos debían unirse. Es un hombre sabido. Hace años que no pisa una ciudad, ni documentos tiene. Un día en que el río estaba bajo dejó sus ropas en un sauce, de repente comenzó a crecer y el agua se le llevó todas las ropas, pero él no se dio cuenta, cuando fue a levantar un bulto que estaba sobre el mismo sauce se llevó flor de sorpresa al toparse con el cuerpo de un muchacho que el día anterior había sido seguido por la policía y al tirarse al río murió congelado... Ramón ha vivido mucha cosa, por eso es conocedor...

CUATRO

Algunos montaraces como Raúl y Márquez viven en un lugar fijo y solo remontan el río cada cierto tiempo para cazar, otros van de un lugar a otro del monte y no permanecen más de un mes en el mismo sitio, pero todos hacen alguna changa cada cierto tiempo para subsistir.

Raúl - Todos estamos obligados a hacer una changuita de vez en cuando... por el peso que no abunda mucho... Cuando podemos, además de cazar levantamos huevos de avestruz, tenemos pescado, y así vamos tirando. Somos humildes pero somos honrados...

A la mañana siguiente continuaremos el viaje. El río está á muy bajo debido a la prolongada sequía que afecta la región; los árboles secos aparecen contra la barranca: blanquillos, barba de chivo, espinillos, pitangueras, pau - ferro, currupí, arrachán... Son muchos los montaraces que se mueven en esta zona del río Negro: Sarabico, Ramón Chumica, el "indio" Ortega, Raúl Gadea, el "viejo" Márquez, Cacho Jeremías, Manduka, Coioio...

Solitarios, de movimientos felinos, atraviesan la espesura con pie liviano, cauto y seguro. La luna llena alumbra sus acechos mientras esperan la presa que se acerca, casi imantada, hasta ponerse bajo la mirada infatigable de sus rifles. Así viven y envejecen, del monte al rancho, del rancho al boliche, del boliche al prostíbulo y del prostíbulo otra vez a ese monte que los cautiva y alimenta.

SI DIGO PUNTA DEL DIABLO...
Los vendedores de ilusiones

Se prohibieron las construcciones en Punta del Diablo, Aguas Dulces, Valizas y Cabo Polonio. Tirarían abajo los ranchos ubicados a menos de 250 metros del mar. Un conglomerado japonés interesado en comprar los cuatro pueblitos. Los vecinos se movilizan. Destino de pescador: luchar a brazo partido, con el mar y el viento sur.

UNO

En Rocha existe una serie de pueblos diseminados a lo largo de la costa arenosa, cuya forma de vida está determinada por la gravitación que ejerce la geografía sobre sus pobladores. Son Punta del Diablo, Aguas Dulces, Valizas y Cabo Polonio; poblados de pescadores aprisionados entre el mar y las dunas. Hace algunos años vivían prácticamente aislados; un verdadero desierto se extendía desde el fin de los ranchos hasta la ruta. Las viviendas estaban construidas con paredes y techos de paja y junco del bañado, varejones del bosque lejano, puertas y ventanas con tablones de escotillas arrojados por algún naufragio.

Con el tiempo comenzaron a surgir las cabañas de material y el verano tranquilo de otros años dio lugar a tres meses de gran bullicio e invasión de turistas.

Los núcleos de pescadores comenzaron a crecer durante la segunda guerra mundial. Al cerrarse la importación de bacalao se buscó una sustitución en el charque de cazón y un contingente de peones de estancia y pequeños agricultores se refugiaron en la costa y se dedicaron a la pesca. Así surgieron estos pueblitos costeños de Rocha. Años después, muchos montevideanos, atraídos por la belleza natural y la posibilidad de construir en terrenos fiscales, hicieron su rancho para ir a veranear en el lugar.

Este año, una noticia causó asombro: prohibición de edificar nuevas casas y de terminar las que estaban en construcción; todas la ya construidas a menos de doscientos cincuenta metros del mar serían derrumbadas. Simultáneamente al anuncio de estas medidas, comenzó a circular el rumor de que un conglomerado japonés interesado en instalar un complejo turístico en la zona, compraría tierras en el lugar, imponiendo el desalojo de los habitantes de estos pueblitos.

DOS

Cuando llegué a Punta del Diablo el viento cruzaba el pueblo. En la arena todavía estaban varadas algunas lanchas, ya que algunos pescadores decidieron no salir al mar por el mal tiempo. A veinte metros de la playa encontré a Walter Denegri, veterano pescador que está á en la zona desde la década del cuarenta. "Nos instalamos acá en el año cuarenta y dos pescando el tiburón - dice. En esa época había solo tres barcas, después fueron aumentando hasta que en 1972 llegaron a veinte. Después vino la dictadura y se instaló la Prefectura Naval en Punta del Diablo; entonces comenzaron a surgir trabas y mucha gente de aquí, buscando un poco de libertad, se fue para Valizas. Económicamente, ese fue un período muy malo porque había dificultad para vender los productos y los precios no tenían nada que ver con los costos".

La pesca en la zona es totalmente artesanal, las barcas deben ser varadas diariamente, la lucha contra el mar y el viento es a brazo partido. "Nuestro trabajo - dice Denegri - comienza cuando amanece, luego depende de la pesca; cuando hay mucha se demora más. Yo no he tenido accidentes pero he luchado muchas veces con el mal tiempo. Recuerdo un día que se vino un viento arrachado de cincuenta quilómetros por hora pero felizmente logramos salir peleando y volvimos a la costa".

Normalmente cada barca cala veinte redes que se levantan al otro día. Este año la zafra de cazón, de junio a setiembre, es mejor que en años anteriores. "Una zafra linda es cuando en el día podés levantar unos dos mil quilos, que son doscientos tiburones –opina Denegri. En el verano pescamos otro tiburón que se mueve en agua caliente y es más grande: el Blanco, la Pinta Roja, el Martillo o la Sarda. Pescado blanco como corvina o pescadilla también se saca, pero su comercialización se hace difícil porque no tenemos cámara frigorífica y hay que venderlo a gente de La Paloma o San Carlos que lo revende; el tiburón es más fácil porque se hace charque y se conserva muchísimo tiempo".

□

TRES

En estos meses las barcas permanecen en la playa porque es muy difícil sacarlas de allí, debido a que no hay calles de salida en la zona de la playa. "Eso nos trae problemas - cuenta el pescador - , porque las lanchas no tienen por donde salir, dónde había una salida ahora hay un rancho". Este tema lleva a la disposición que se pretende hacer cumplir de que toda casa tiene que estar a doscientos cincuenta metros de donde rompe la ola y a la prohibición de seguir construyendo. "Una cosa es solucionar el problema de salida para las barcas - dice Walter - , otra es esta disposición. Va a traer problemas porque hay muchas casas edificadas a ciento cincuenta metros: la distancia que se pedía antes. Ahora nos empezaron a llamar 'ilegales', a nosotros que hace cuarenta años estamos en la zona. Sabemos que los terrenos pertenecen al Estado, pero nosotros también somos el Estado... No somos gringos, somos criollos".

Se han manejado varias hipótesis con respecto al futuro del lugar, pero quizás la más comentada es el interés de una empresa japonesa en crear un balneario modelo: "Se habló de que tirarán nuestros ranchos abajo. ¿Qué interés hay detrás de todo esto? ¿Por qué quieren sacarnos? ¿Cómo es posible que no tengan en cuenta a la gente? El Ministro de Turismo y los que están encargados de este asunto, ¿por qué no buscan patrocinar el turismo donde no se perjudique a nadie?

Para llegar a la costa, sus primeros habitantes recorrieron quilómetros a pie, luego de poblarla consiguieron el camino y más tarde la escuela. Todos siguen trabajando para mejorar el pueblito.

Son doscientos pobladores que viven permanentemente todo el año en Punta del Diablo. Todo gira en rededor de la pesca, pero no viven del producto alimenticio sino del comercial. Las mujeres, por su parte, realizan artesanías con las vértebras de tiburón. Sonia Machado, compañera de Walter, dice: "Hacemos rosarios, gargantillas, collares, llaveros, cintos, y los vendemos en los quiosquitos que tenemos, durante el verano. Cuando vienen los argentinos significa una gran entrada porque compran bastante". □

CUATRO

Son las cinco de la tarde, el frío golpea en la cara, a lo lejos se ve venir una barca con cuatro tripulantes. En la playa está á esperando Alberto, otro pescador, que me dice: "Lo que pretenden hacer con Punta del Diablo es un absurdo, quieren transformarlo en un lugar de veraneo para potentados. Los vecinos ya hablaron con legisladores y con el intendente buscando apoyo. Nosotros vivimos de nuestro trabajo; si nos sacan de aquí, ¿adónde vamos a pescar?".

Líber un vecino que ayudaba cargando tablas, comenta: "Acá á están los Ameglio, los Mosca... quieren tener una playa privada para ellos. De los pescadores nadie se preocupa. Cuando los barcos extranjeros entran en nuestra zona y rompen las redes, no se comenta".

Minutos después llegan a la orilla dos barcas: "Ana Carolina" primero, y un poco más atrás "Estela Marvi". No traen buena pesca; solamente un cajón de cazón. Los gurises corren a la lancha. Los pescadores las atan a dos cabos, colocan unas tablas por debajo y las cinchan hacia donde termina la playa y empiezan los ranchos. El traslado demora veinticinco minutos y exige mucho esfuerzo.

El sol está á oculto, la temperatura descendió: ni los tres buzos y la campera logran hacer frente al frío. Antes de irme, Líber me dice: "La vida de los pescadores siempre fue muy dura; imaginate salir a cuatro horas de la costa en una cáscara de nuez como son estos barcos y con este tiempo... Nadie se preocupa por ellos; en la época de la dictadura los milicos desaparecieron la 'Pinta Roja', una chalana que llevaba cuatro personas y todo quedó tapado".

Cuando me marcho, las dos barcas ya están varadas en su lugar; los pescadores se fueron, al día siguiente temprano hay que estar nuevamente en el mar.

En la carrera por regalar los pedacitos del Estado (léase privatizar) entraron también estos pequeños pueblitos de pescadores. Nadie consultó a su gente, pero es posible que mañana llegue un vendedor de ilusiones intentando convencerla de que la instalación de un consorcio extranjero hará á prosperar la zona creando fuentes de trabajo y facilitando la pesca. Pero los vecinos ya no se creerán el verso.

TURISMO POPULAR
Los uruguayos que
no veranean en "Punta"

El camping Los Delfines de La Paloma, que administra una empresa privada, está á en litigio por adeudos superiores a los 600.000 dólares. El Parque Andresito, explotado por la Intendencia Municipal de Rocha, recaudó 80.000 verdes en diez días. El intendente Riet Correa afirma que la gestión pública puede ser eficiente administrando. Y ya es hora de que se comience a pensar –hacer - más en favor de un turismo popular que, puedan disfrutar los uruguayos que no van a "la Punta".

UNO

La temporada turística de 1991 es la más importante de los últimos años, según lo muestra la avalancha de argentinos y brasileños que colmaron los hoteles y casas para alquilar en los balnearios del Este y las sonrisas de los comerciantes de la zona. Muchos medios de comunicación dedican espacios a la información puntaesteña pero nadie se preocupa del turismo de la mayoría de los uruguayos (y también de muchos brasileños y argentinos) que no pueden pagar el "disfrute" de la costa fernandina. Quizás la forma más barata de salir de vacaciones para el uruguayo medio es el camping, con carpa propia o prestada.

Los antiguos campamentos libres, sin comodidades, dieron paso a espacios con cierta infraestructura, capaz de hacer más llevadera la estadía. En esta materia, el país más adelantado en América Latina es Brasil, con parques para camping como Morro dos Conventos, donde se brindan servicios de agua potable, energía eléctrica y gas en cada predio, además de baños impecables cada pocos metros, duchas, piscinas y otra serie de comodidades que permiten a muchos brasileños realizar vacaciones a precios razonables. Un turismo social que en nuestro país todavía no se incentivó lo suficiente, porque todas las miras oficiales están puestas en el turismo de ruleta, whisky importado y frivolidades varias que ofrece "la Punta"

DOS

La zona costera rochense cuenta con varios campings sumamente concurridos durante los meses de verano. Este año no está á funcionando "Los delfines" de La Paloma, que tiene una infraestructura importante y es uno de los más preferidos habitualmente. En 1979, la Intendencia Municipal de la dictadura llamó a licitación para explotar un camping de nivel internacional.

En el pliego de condiciones se preveía la realización de diversas construcciones y la prestación de distintos servicios en un tiempo determinado. Además, se comprometía a la empresa licitante al pago de una suma mensual de dinero a la Intendencia. Sin embargo, el contrato posterior señalaba algunas cláusulas diferentes, conteniendo irregularidades que nadie denunció en la época. La empresa Dolmar S.A que se hizo cargo del camping, cumplió el compromiso solo durante un año; luego dejó de pagar y de hacer las obras que le correspondían. En la actualidad, la deuda de la firma con la Comuna rochense asciende a los 600.000 dólares; por esos y otros incumplimientos. Dolmar enfrenta varios juicios iniciados por la Intendencia.

"Los Delfines" se encuentra ubicado en un parque de quince hectáreas frente a la playa La Aguada y está evaluado en cinco millones de dólares. El Doctor Fernando Uriarte, asesor jurídico de la Comuna, indicó respecto al litigio: "El proceso judicial es muy engorroso; además, uno debe moverse con cuidado porque no es una propiedad individual sino un bien común. La administración anterior llegó a realizar un acuerdo con la empresa, que se comprometía a pagar 150.000 dólares para terminar con los juicios, pero la Junta Departamental lo desestimó y el pueblo de Rocha se manifestó contra lo que creía un despojo, así que el propio Intendente tuvo que dar marcha atrás".

Hace pocas semanas, la Justicia concedió la ejecución provisoria y prohibió temporalmente la explotación del camping; sin embargo, todavía no decidió entregar ésta a la Intendencia. El titular de la Comuna, Irineu Riet, señaló: "nosotros esperamos que la Justicia se expida pronto y nos dé la posibilidad de comenzar a administrarlo y brindar los servicios necesarios. Mucha gente ha llamado a la

Intendencia preguntando cuándo se reabre, tememos la esperanza de que sea antes del fin de la temporada".

TRES

El Parque Andresito, el otro camping de La Paloma, está á actualmente funcionando a pleno. Hasta hace un mes y medio era propiedad del Ministerio de Ganadería Agricultura y Pesca; en diciembre pasó a ser administrado por la Comuna rochense. "Es un tipo de administración directa - dice Riet - , pero con el máximo de autonomía para que sea más eficiente. Queremos contrarrestar aquello que se dice de que la administración pública en general es ineficiente. La autonomía elimina la burocracia, ya que si se rompe una caldera se tiene que tomar una decisión urgente, no se necesita pedir permiso a la Intendencia ni hacer trámites que llevarían días. Eso sí, el Administrador nos tiene que rendir cuentas y pasar todas las facturas de entradas y salidas. Con Los Delfines se piensa establecer un régimen igual. Los campings son necesarios en nuestro departamento dentro de un esquema de turismo social que permita a los uruguayos conocer Rocha".

Este año, los campamentistas desbordaron el Andresito debido al cierre de Los Delfines y quienes no encontraron lugar acamparon en los bosques, fuera del camping. El Parque Andresito cuenta con 352 predios para acampar en el sector A, que entre el 2 y el 12 de enero albergaron a más de 1.700 personas permanentes, pagando cada una 4.200 pesos por noche, llevando la recaudación total a una cifra superior a los 70 millones de pesos. El sector B con 648 predios fue usufructuado por más de 1.800 personas permanentes, pagando 2.400 pesos por noche, lo que dejó a la Intendencia 40 millones de pesos en los mismos diez días. Por lo tanto, tan solo entre el 2 y 12 de enero el Parque recaudó una cifra superior a los 80.000 dólares, nada despreciable por cierto.

Jorge, quien ya hace varios días está á acampado con su esposa e hijo, y piensa quedarse hasta fin de mes en el sector A, comentó: "Es necesario crear una mayor infraestructura de campings, porque permiten realizar un turismo más ligado a la naturaleza, aunque sería importante que se bajaran los costos para que pueda concurrir más gente.. Hace más de diez años que vengo a Rocha; antes venía a Los Delfines, pero como está á cerrado, este año vine al Andresito, aunque no tiene las mismas comodidades".

Por su parte, Mario, acampado en el sector B, dice: "Estábamos en el sector A; aunque tiene duchas de agua caliente, luz y agua, sus predios son chicos y con tanta gente nos sentíamos hacinados, por lo que decidimos venirnos al B. Este sector tiene un solo baño para todos, no tiene luz, ni agua, y las pocas duchas son frías".

El Administrador del parque, Sandro Muñoz, señala a su vez: "Mi contrato va desde diciembre de 1990 hasta abril del 91. No tenía experiencia en cuanto campings, pero en estos días fui aprendiendo. Este año el Andresito se vio desbordado y nos encontramos con algunas deficiencias en los servicios. Son problemas que tuvimos que ir solucionando sobre la marcha, creemos que para el año que viene se debe mejorar. Si bien la Intendencia puso 15 millones de pesos al inicio, esa cifra no fue suficiente como para mejorar la infraestructura y realizar todas las obras necesarias. El camping deja buenos dividendos, pero es necesario que se mantenga un tipo de administración como la actual, porque si se comienza a utilizar con fines electorales, tomando empleados a granel, todo se echaría a perder".

Los Delfines es un ejemplo más de lo que ocurre con ciertas empresas privadas que ganan licitaciones públicas y luego no cumplen sus compromisos. La Intendencia dejó de cobrar importantes sumas de dinero y la población se quedó sin servicios.

El Parque Andresito por su parte, demuestra que la actividad de los campings da buenos dividendos y que el Estado, desburocratizándose, puede ser eficiente. El Andresito tiene todavía muchas carencias en cuanto a servicios, y debería ser más barato. Por otra parte, si bien es importante la autonomía administrativa, también lo es la fiscalización de la Intendencia para que no se distorsionen los objetivos. No obstante, el comienzo de esta experiencia arroja resultados positivos, habilitando a esperar que no se frustren las expectativas de la gente que aspira a participar de este tipo de turismo social.

Para la Intendencia significa, sumado a los otros campings, una interesante fuente de recursos que no puede darse el lujo de desperdiciar. Los 80.000 dólares recaudados en diez días hablan por sí solos.

Frente al turismo promovido por "la mosca loca" en "Punta" se puede y se debe ir creando condiciones para un turismo popular apoyado en los campings y acompañado por tours que hagan conocer la fauna, la flora, los ríos, las playas y el paisaje en general, inculcando la necesidad de respetarlos. Es la posibilidad de que los municipios del interior cumplan una importante obra social, incentivando un turismo que brinde medios a la gente para conocer más su país durante las vacaciones. Es hora de empezar a pensar en un turismo para los uruguayos, siempre olvidados en su propia tierra.

FESTIVIDADES DE SAN CONO
Una devoción popular

Considerado por sus fieles "el santo más popular, uruguayo y milagroso", San Cono está á profundamente arraigado en la vida de la gente. Mezcla de folclore y religiosidad, las festividades sanconinas reúnen año a año miles de personas que llegan a Florida, para cumplir sus promesas y demostrar su devoción. Para recoger las vivencias que rodean este acontecimiento nos arrimamos hasta la ciudad de la piedra alta.

UNO

El 3 de junio amaneció soleado, el frío cedió en parte, y renovando el rito de cada año se oyó decir: "el día de San Cono nunca llueve".

Los ómnibus (cuyas líneas fueron reforzadas) marcharon desde Montevideo abarrotados. "Estoy deseando ver la procesión. Este año, además de venir a cumplir mi promesa, tengo que agradecerle al santo haber sacado a la quiniela con el 03. Todos los años sale pero yo nunca lo había agarrado", comenta una señora durante el viaje.

La ciudad nos recibe vestida de fiesta. Camino a la capilla de San Cono nos cruzamos con un equipo de antropólogos. "Hace años que venimos observando la evolución de diversas procesiones - dice uno de ellos - , y comprobamos que año a año aumenta considerablemente la cantidad de peregrinos. Hay gente de diversas clases sociales, pero fundamentalmente de clase media. Estuvimos en Verdúm y en diferentes romerías de Brasil y ocurre lo mismo."

DOS

"Nosotros venimos de San José", dicen Alejandra Cabrera de 17 años y Griselda González de 20. Las dos trabajan en un taller de tejidos y es la primera vez que vienen a San Cono. "Yo le hice un pedido y se me cumplió. Ahora vengo a pagar mi promesa, porque le debo mi felicidad", argumenta Griselda.

Alejandra no tuvo la suerte de su amiga. "A mí no se me cumplió lo que pedí, pero igual quise venir para ver cómo era la fiesta", dice.

Luis Barcelo es floridense y desde que nació, no ha faltado un solo 3 de junio a la peregrinación: "Nunca falté y voy a seguir viniendo hasta que me muera. Este es el santo más uruguayo, popular y milagroso, por eso no nos falla. Y yo tampoco puedo fallarle".

Cerca de ellos, María, de 56 años, comenta: "San Cono para nosotros, los de Florida, significa mucho. Es un símbolo de la ciudad, por eso es que hay mucha más gente que cuando vino el Papa. Cuando él estuvo, fue todo muy sin gracia".

Luis besa la imagen del santo y comenta: "Yo sigo a San Cono hasta la muerte, pero con la Iglesia no quiero saber nada, por eso cuando estuvo el Papa no fui".

TRES

"Yo soy sumamente devota - dice Juana, de 63 años -, cumplo siempre todas las promesas. Aunque a veces me asalta la duda sobre el destino del dinero, porque no tengo ninguna confianza en la Comisión que está á detrás, administrando. Claro que yo hago las ofrendas al santo y no a ellos. Eso sí, me gustaría que la plata fuera para obras sociales. Que se canalice por medio de las comisiones vecinales a los barrios pobres. Sería bueno que la gente necesitada reclame también".

El patrimonio y la administración de la capilla motivan diversos comentarios. "Imaginate que pasen 25.000 personas y que cada uno ofrende 100 pesos. !Es muchísima plata! ¡Nada menos que 2.500.000 pesos! Pero hay gente que da 5.000. Así que la media puede ser mayor. ¿Qué se hace con ese dinero?", pregunta Jorge.

Luis, floridense de 74 años y devoto desde hace treinta da su parecer: "Yo no sé muy bien. Antes se hacían beneficios al hospital, ahora no se hace mucho". Eduardo por su parte, dice: "El que no tiene plata para operarse, por ejemplo, puede ir y pedir. La gente necesitada puede venir a la capilla y seguro que le solucionan el problema".

La Comisión que administra la capilla, por su parte explica: "Nosotros prestamos los vestidos de novia a quienes no pueden comprarlo, prestamos las guitarras. Hacemos beneficios con el Hospital de Ancianos, compramos medicamentos para aquellos que no pueden. Además, ahora, por ejemplo, donamos el trofeo para el premio 3 de Junio, que se corre en el hipódromo".

Cerca de la Capilla alguien vocifera, ofuscado con el intendente. "Cuando Montes de Oca asumió la intendencia, se arregló con los italianos de la Comisión y la Iglesia, y comenzaron a llamarle a esta fiesta 'Semana de San Cono", comenta Pedro, de 32 años, muy enojado. Quieren sacar dinero y sacar provecho político. Ahora se preocupan mucho por el santo, pero el resto del año se olvidan. Que se acuerden más de los barrios pobres que ni saneamiento tienen. Y los italianos que den buen fin al dinero".

Durante varios años la relación de la Comisión con la Iglesia Católica, fue muy mala, debido a las discrepancias en el manejo del dinero y los bienes recaudados. En los años que duró el conflicto no se celebró misa en la capilla de San Cono. En la década de los 80 se reiniciaron las relaciones, pero las autoridades de la Iglesia dejaron constancia que nada tenían que ver con el destino del dinero y solo accedían a realizar misa porque la gente lo pedía. □

CUATRO

La capilla está á colmada por una multitud. Muchos colocan sus ofrendas en dinero prendiéndolas con alfileres sobre la ropa del santo, mientras un integrante de la

Cofradía, estratégicamente ubicado, se encarga de sacar los billetes cuando abulta mucho. Otros levantan a sus hijos para que besen a San Cono. La cola es interminable, todos quieren tocarlo. Una señora lleva de la mano dos chiquitos vestidos con el mismo atuendo que el santo. "Estamos cumpliendo una promesa", aclara. Otra camina de rodillas hasta el altar y un señor enciende una vela. A pesar de mi insistencia todos guardan el secreto de su pedido. "Eso queda entre San Cono y yo", explican.

El museo contiguo encierra las ofrendas que se han ido acumulando con el correr del tiempo. Hay alhajas, relojes, billetes de diferentes países, bicicletas, motos, juguetes, trofeos, ropas, trajes de novia, pelotas, camisetas de fútbol, desde la de los "cebollitas" de Durazno hasta la de Julio Pérez (Campeón Mundial en 1950), pasando por las casacas del defensa aurinegro Domínguez y del puntero Cabrera, que trajeron su ofrenda luego de salir campeones de la Libertadores, en 1987; así como la camiseta utilizada por el lateral tricolor Tony Gómez cuando Nacional salió campeón intercontinental en 88.

A la hora 14 se inicia el descenso por las escaleras de la capilla, con la estatua de San Cono a cuestas en medio del aplauso de la multitud. Encabezando la peregrinación va el obispo de Florida, monseñor Escarrone, algunos sacerdotes y los descendientes de las familias italianas que trajeron la imagen.

A lo largo del trayecto se va sumando gente. Más de cuatro cuadras de fieles recorren las calles detrás del santo, algunos lo hacen descalzos. Luego de más de dos horas de caminata, y ya nuevamente frente a las puertas de la capilla, el obispo hace uso   de la palabra.

CINCO

La fiesta de San Cono da lugar a una verdadera feria que se extiende a lo largo de la calle Rodó. Cerca de diez cuadras cubiertas de puestos con vendedores ambulantes ofrecen las más variadas mercancías. Desde medallitas con la imagen de San Cono, hasta electrodomésticos, artesanías, buzos, vaqueros, relojes, cuadros, el trébol de la buena suerte, la pluma de Caburé con el signo del zodíaco, flores, velas, banderines deportivos y papales, y todo tipo de comestibles.

Los comentarios no son muy halagadores, la mayoría no ha logrado vender muy bien. "La Intendencia cobra por los dos metros 3.200 pesos por día, es un robo. Hemos invertido bastante plata para hacer estas artesanías, pero como va la cosa veo difícil que salgamos empatados", dicen Elena y Jorge.

Llama la atención la cantidad de banderines del Papa. "Los tengo de clavo, nadie los compra. El que estoy vendiendo es el de Nacional, porque juega hoy y anda bastante bien", dice Juan. Pedro usa otra táctica: "A mí me sobraron cuando vino el Papa y como la gente no los compra, los regalo con cada cuadrito de San Cono, que vendo. Recupero el costo y me los saco de arriba".

"Para nosotros es bueno porque por lo menos tenemos a donde salir. En la ciudad, a no ser el cine, no hay nada", comenta Marcela de 15 años.

De pronto, alguien le dice: "Comprá que son baratos y son brasileros. Son de la planta, dale comprate uno muñeca". Es la voz de un muchacho que vende bombones brasileños, mientras su compañero ofrece tortas fritas: "A ver si meten la mano en el bolsillo, ¿o tienen un lagarto adentro? ¡Vamo arriba! ¡A comprar que no muerdo!". Antes de que le diga nada me comenta: "Hay una malaria hermano que no sé qué va a pasar. No vendo nada. Si la cosa sigue así en vez de la torta frita te van comprar una mordida".□

SEIS

Teggiano, ciudad donde nació San Cono en el siglo XI, queda en la provincia de Salerno, Italia, y está asentada a más de 600 metros sobre el nivel del mar. Según cuenta la historia, a los 18 años, la noche del 2 de junio, el joven oyó una voz que le decía: "Cono, esta noche serás llamado por Dios".

Al alba del 3 de junio el muchacho falleció. Fue beatificado por el Papa Sixto V (1585 - 1590) y canonizado por el Papa Pío IX, el 27 de abril de 1872. En 1885 la colectividad italiana proveniente de Teggiano trajo la imagen del santo a Florida y solicitó a la Junta Económica Administrativa un terreno baldío donde luego se levantó la capilla. El 3 de junio de 1885 las campanas anunciaron la salida de la primera procesión que se realizaba en honor a San Cono.

Y la historia también se encargó de construir cientos de anécdotas, pero hay una que es bastante singular:

Durante décadas, el día 3 de junio salió como primer premio en la quiniela el 03. Era el único día del año que las bancas de quiniela perdían, por lo que decidieron limitar las apuestas a ese número los días anteriores y posteriores a la fecha de San Cono. Pero vaya sorpresa, el 03 dejó de aparecer en las pizarras y la gente de jugarlo, sin embargo comenzó a salir una semana antes o después del 3 de junio. Las bancas decidieron limitarlo durante todo el mes.

Pasaron 105 años de la primera procesión y la festividad está más arraigada que nunca en la tradición de los uruguayos.

PETIT CIRCO - TEATRO OLGUÍN
Reinventando la alegría

UNO

Verano: el calor se asienta en San Gregorio de Polanco. Durante el día, el sol empuja hacia la playa. En la nochecita, los vecinos aprovechan la brisa y se sientan frente a la puerta de sus casas a tomar mate. De pronto, a las nueve de la noche: adolescentes primero, niños con sus padres después, todos caminan por la calle principal rumbo a una esquina donde se levanta una gran carpa anaranjada. Es el circo que llegó al pueblo y hoy debuta. El Petit Circo - Teatro Olguín, es de los pocos que van quedando, sino el único. Doce integrantes, con seis casas rodantes artesanales hechas de lata y una humilde carpa, recorren los pueblos de la campaña llevando números cirqueros y teatrales por los rincones del país.

Beatriz Aranda, argentina, nacida y criada en un circo de su país dice: "Es mi vida, desde niña aprendí a amar el circo". Su esposo Antolín Olguín, uruguayo, también criado en un circo que "recorrió todo el Uruguay y supo tener animales". Se conocieron, se casaron y siguieron la vida cirquera. Tienen tres hijos: dos varones pequeños y una hija de 19 años que se llama Analía y trabaja en el trapecio. Su circo ciertamente no es el gran circo donde trabajaba el padre de Beatriz ni la enorme carpa de los padres de Antolín. "Tenemos una carpa sola –dicen - y la cuidamos. Por eso durante el día la desarmamos para protegerla del viento y en la tardecita la armamos para la función".

Humilde, sin animales, pero con un mundo de sueños y esperanzas a cuestas, el pequeño circo hace ya diez años camina su vida por este país.

DOS

- ¿Hasta cuándo piensan seguir con la carpa?

Beatriz: Desde niña, el circo se fue haciendo vida en mí. Cuando tuve oportunidad de dejarlo, no lo hice. Me atrae mucho esta vida bohemia, conocer gente, conocer lugares, andar. Antes yo hacía la primera parte: caminaba por el alambre tenso, hacía acrobacia y otros números. Ahora di el lugar a mi hija y yo trabajo en la segunda parte haciendo teatro.

Antolín: Yo lo primero que hice fue vender caramelos en el circo de mi hermano, luego me atrajo el teatro y empecé a desarrollarme en eso. Ahora hago de payaso y ayudo a mi hija en el trapecio. Este es un circo netamente uruguayo. Nos movemos por el interior y visitamos muchos pueblos. En parte es una forma de llevar la cultura a la gente.

En este país hay muchos rincones que no saben lo que es un teatro. No tienen la oportunidad, como en Montevideo o las ciudades grandes. La primera parte del espectáculo es un show de trapecio, acrobacias, equilibrio y payasos. No tenemos animales (baja la vista y hace una pausa). En la segunda parte fundamentalmente hacemos teatro criollo o alguna comedia. Todos trabajamos, adultos y niños, todos.

- A pesar de la buena concurrencia de público, las cosas no salieron del todo bien. Analía cayó del trapecio y el nerviosismo se apoderó del grupo. Luego que el médico constató que no era nada grave volvió la tranquilidad...

Antolín: De chiquita, Analía trabajaba en las obras de teatro y a los seis o siete años de edad comenzó en la cuerda indiana. Esta caída fue la peor que tuvo. En el momento nos pusimos muy nerviosos. Se anunció el número siguiente de lanzamiento de cuchillos pero no estaba listo porque no se esperaba tan rápido, y entró el payaso. Luego anunciamos otro número y tampoco estaba. Se trastocó todo porque estábamos preocupados.

Analía: Por suerte no fue nada. Solo tengo sentido un brazo con el que no puedo hacer fuerza, pero en ese momento me sentí muy mal. Pensé que me había quebrado.

TRES

- Más allá á del accidente parece que el circo ha tenido bastante éxito. ¿Es siempre así como en San Gregorio?

Beatriz: Hay momentos en que el trabajo viene muy flojo y llegamos a un lugar con la esperanza de mejorar, pero se atraviesa una mala racha y llueve o se levanta viento, o se rompe la carpa. Esas son situaciones frustrantes y si uno no está á firme en lo que le gusta, entra el desánimo. Ahí pesa mucho el compañerismo que hay entre los integrantes del circo y el saber que, aunque sea poco, lo que hay se comparte.

Antolín: El circo es un mundo dentro de otro mundo. En una fábrica los obreros se juntan en el trabajo y luego todos viven en lugares distintos. Nosotros vivimos juntos todas las horas. Esa convivencia tiene sus dificultades, pero hay que aprender a llevarla adelante con compañerismo, fabricando esperanzas.

- ¿Cuándo paran?

Antolín: Siempre andamos de un lugar a otro. En invierno recorremos menos pueblos. En verano estamos entre quince y veinte días en cada lugar. Solo en San Gregorio nos quedamos más, porque viene mucho turista y hacemos temporada. Es un lugar donde se trabaja.

- ¿Y los hijos chicos también se crían cirqueros?

Beatriz: El de seis años llora cuando no lo dejamos entrar en alguna obra de teatro. Le encanta trabajar, y si no hay personaje para su edad, quiere que lo inventemos.

Antolín: Cuando toco la marcha característica para iniciar el espectáculo, esté donde esté, viene corriendo para participar.

- Qué atrae más a la gente?

Beatriz: Viene público de distintas edades. A la mayoría le gusta cuando tenemos teatro cómico. Donde se puede reír. A mí me gusta el drama, pero ahora la gente quiere reírse. Nosotros en las comedias también nos divertimos mucho. Cambian un poco los gustos dependiendo del lugar, porque en algunos lados gusta más el teatro criollo.

- ¿Es difícil hacer de payaso?

Antolín: Sí, en un país triste es difícil, pero a veces salen cosas espontáneas y uno puede crear un buen momento. A mí me gusta muchísimo hacer de Tony. Tengo facilidad para trabajar con los niños.

- País triste. Ustedes que recorren el Uruguay hace años, ¿qué cambios pueden observar?

Beatriz: Hay algunos Departamentos donde uno siente más que en otros el peso de las crisis económica. En la frontera, la gente tiene rebusques que la ayudan a estar un poco mejor. Hay otras posibilidades.

Antolín: En los pueblitos chicos que viven de la actividad del campo, la cosa ha empeorado: hay menos trabajo y sueldos más bajos.
Nosotros percibimos que antes concurría más gente. No es que ahora la gente no quiera divertirse; tiene muchos deseos de reír pero no les da el dinero. A pesar de que cobramos una entrada barata. Y tal vez, también sea por la propia situación económica, que la gente prefiere la comedia. Así se divierte y olvida un poco los problemas.

CUATRO

- ¿No han pensado en largar?

Beatriz: Hubo momentos. Es una vida sacrificada, aunque nos guste. Ahora se tornó más fácil porque progresamos algo. Cuando éramos empleados teníamos un gran circo, pero no era nuestro, éramos solo empleados. Cuando nos largamos solos, no teníamos nada.

Antolín: Todavía recuerdo el primer pueblo donde trabajamos por nuestra cuenta: Belén, en Salto. Pueblo que gusta de circo, gente muy dada, muy familiar. Cuando nos vieron llegar dudaban y comentaban: "¿Cómo será á este circo que no tiene nada?". Igual concurrieron. Como el espectáculo les resultó agradable hubo apoyo, la gente aplaudió mucho. Después fuimos a Constitución y también nos fue bien.

Beatriz: Teníamos solo la mitad de una carpa, 33 sillas, y los decorados los hacíamos con las sábanas de dormir. Luego tuvimos carpa entera de arpillera y aunque algunos nos miraban un tanto despreciativos no nos desmoralizamos y seguimos luchando a fuerza de amor. Confiamos en el material humano.

- ¿Cuál es el momento más difícil de un circo?

Antolín: El debut en cada pueblo. De él depende la buena o mala temporada; entonces hay mucho nervio. Aunque haya desánimo por algo hay que dejarlo atrás. Uno se debe entero al público. Eso ocurrió ahora: cayó Analía y todos estábamos preocupados, pero el espectáculo, aunque a los tumbos, continuó. Hay días en que un payaso no tiene ganas de reír, pero cuando comienza la función Tony debe ser el payaso que más hace reír. Eso es el circo.

- ¿Cómo se trasladan de un lado a otro?

Beatriz: Alquilamos un camión en el pueblo que estamos, que irá tirando las casas rodantes hechas por nosotros hasta el otro pueblo. Va todo el circo.

No es una fantasía; este circo uruguayo existe, tal vez por aquello de que se debe creer en los sueños para reinventar la vida. Como los personajes de Beco: A opera do lixo, los integrantes de este circo viven inventando el mundo de nuevo. Para cambiar y volver a cambiar. Y tal vez en eso esté la alegría.

EN JOSÉ PEDRO VARELA
Las tribulaciones justicieras

"Sonó un disparo en lo de Camacho", se escuchó gritar poco después de que Silvia Silva, una muchacha de veintiséis años, recibiera un balazo mortal en pleno pecho. ¿Accidente u homicidio? La familia Silva quiere saberlo, pero solo encuentra un sinfín de dilaciones. El trámite de investigación dio vueltas por los escondrijos reservados a ese tipo de papeles en las tribulaciones justicieras.

UNO

Al escuchar el disparo, un primo de Silvia que pasaba por el lugar entró y la encontró "caída con todo el pecho reventado en sangre. Al lado estaba Camacho; y le grité 'la mataste' y él se fue corriendo". En la casa estaban solamente Darío Camacho y su hijo, de aproximadamente 16 años. Sucedió un 31 de diciembre en José Pedro Varela, Departamento de Lavalleja, a las siete de la tarde.

Silvia Silva estaba muerta con una bala en el corazón. Su cuerpo, con la espalda contra el piso y un orificio en el pecho, se hallaba entre el baño y el dormitorio. Estaba envuelta en una toalla. Dos valijas prontas esperaban...

Según sus padres, Silvia se quería ir del país, se quería alejar de Darío Camacho, quien no estaba dispuesto a que lo abandonara. Con las valijas prontas, la joven fracasó en su intento de huir de una situación que le era insostenible. El 30 de diciembre Silvia le había dicho a sus madre: "Prestame plata para irme a Buenos Aires. Cuando esté allá, no le des mi dirección a nadie; mis cartas las quemás".

La muchacha mostraba tener mucho miedo por ella y por su familia ya que cada vez que planteaba irse, Camacho la presionaba. O bien a golpes o con la familia. Le decía: 'Si te vas, acordate que dejás una familia en este pueblo'", cuenta su madre. Cuando sus padres le aconsejaban que abandonara esa relación, la muchacha contestaba: "Como se ve que no lo conocen...".

Consciente del peligro que corría, Silvia había querido salir de la realidad que vivía y se fue una vez. El la buscó hasta encontrarla. "La trajo a prepo y desde ese día le empezó a pegar más, no la dejaba venir a casa, era una fugitiva", comenta angustiado su padre.

Todavía no se sabe lo que sucedió. No se estableció si fue accidente u homicidio. Ni siquiera quién fue el portador del arma.

"Así, sin saber cómo ni por qué, la familia Silva se quedó sin hija, y una muchacha de veintiséis años sin vida", comenta una vecina.

DOS

"Es un hombre peligroso y un poco dueño del pueblo", dijo un habitante del lugar, cuando lo consulté sobre Camacho. Empresario poderoso de José Pedro

Varela, Darío Camacho es propietario de una metalúrgica que lleva su nombre, accionista de una empresa homónima en Argentina, dueño de campos poblados de ganado y plantaciones de arroz. "Por 1984 tenía una gran deuda y estaba por fundirse, pero gracias a sus vinculaciones con la dictadura, consiguió arreglar su problema", señala un informante.

Los negocios de Camacho conducen a diferentes incógnitas que, quizás Silvia conocía y estaba dispuesta a revelar. "Tenía negocios oscuros, por eso un día me dijo: 'Silvia no se puede ir de mi lado, yo la metí donde no debía y sabe mucho de mis negocios'. Mi hija sabía mucho porque le hacía todos los trámites, y en el sótano de la casa de él había documentos secretos. Silvia tenía terror de que se descubriera', dice Ruiz de Alda Silva, padre de la joven.

Las actividades empresariales del empresario se mezclan con sus antecedentes personales. Su hermosa casa fue escenario de algunos sucesos muy comentados en la ciudad. "Antes de lo que pasó con Silvia, a otra muchacha le ocurrió algo parecido y salió baleada, aunque no llegó a morir. Todo fue tapado, Camacho ni siquiera fue llamado a declarar. Es muy hábil para manejar sus contactos políticos", continuó diciendo Silva.

La población de José Pedro Varela siente cierto rechazo por el empresario y esto se nota al conversar con sus habitantes, pero también se advierte temor. "Camacho siempre anduvo atrás de gurisas jóvenes. Les ofrece dinero. Nadie lo denuncia porque la gente tiene miedo ya que compra al que quiere y además te puede mandar a dar una paliza", dice otro familiar de Silvia.

Muchos datos se mezclan en el retrato sobre este hombre. Algunos objetivos, otros un tanto subjetivos. En todo caso, de los testimonios y las conversaciones mantenidas en José Pedro Varela, se desprende que los habitantes sienten temor de ¿La justicia también?

☐

TRES

La familia de Silvia intentó por diferentes medios acelerar la actuación de la justicia, pero no ha podido conseguir nada. "Para retirar el cuerpo, tuvimos que esperar la autorización de la policía técnica, pero no se nos informó sobre el dictado del médico forense. Decidimos hablar con el juez para pedirle una investigación. Un mes y pico después, nos dijo que el documento del forense todavía no había llegado a sus manos, y a los pocos días nos informó que comenzaría a tomar declaraciones", cuenta el señor Silva.

Sin embargo, los integrantes de la familia de Silvia nunca declararon. Ni siquiera el sobrino que llegó a verla recién muerta.

Cuando el doctor Martínez fue a hacer la autopsia, dijo que se quedaran tranquilos que la justicia actuaría... "Hablé con la policía ©comenta Silva. Me dijeron que el encargado de la investigación era Manuel Toledo, y que todo estaba en manos de la justicia. Como no surgía nada, fuimos a Montevideo para hablar con Saúl Clavería, director nacional de investigaciones. Me dijo que si lo dejaban actuar, llegaría hasta el fin y me tomó declaraciones, que supuestamente vinieron al juzgado de aquí".

El expediente administrativo siguió su curso. Primero actuó la jueza de Treinta y Tres, luego el juez de Minas y a los tres meses comenzó a actuar el juez Garrido, quien dijo: "Fue una bala que se escapó'".

Darío Camacho no llego a estar en una celda como presunto sospechoso de homicidio, procedimiento que se acostumbra en situaciones similares. Pero lo más curioso, es que la prensa local "olvidó" noticiar el hecho. "Los diarios lo dieron como un fallecimiento más. Nos dijeron que no lo publicaban porque todos los días tendrían que publicar casos similares. Yo creo que la política tiene que ver en todo esto", sentencia el señor Silva.

La muerte de Silvia no está á aclarada pero los expedientes quedaron parados. "Fui a Minas y me dijeron que el dictamen de la autopsia no había llegado. En ningún lado está. No puedo contratar abogados porque son muy caros y si invierto en uno, lo más posible es que me quede sin los pesos y sin resultados. Es difícil conseguir justicia siendo pobre", manifestó el padre de Silvia.

□

CUATRO

La joven sufría continuos castigos corporales. Un calvario del que un día quiso escapar. Cuando lo intentaba, apareció muerta.

No se sabe si fue homicidio, pero sí que Darío Camacho sometía a Silvia a brutales palizas. Camacho era reincidente en este tipio de procedimientos, tanbién había castigado a otras mujeres. "Yo siempre pensé que él la mató, porque la castigaba mucho. Ella le tenía terror. El 30 le había pegado. Era una niña al lado de él, le llevaba como treinta años", comenta el padre.

Los malos tratos que recibía Silvia no eran sólo conocidos por sus padres. Una testigo, que luego, producto del miedo se negó a declarar frente al juez, aseguró a la familia Silva que "una vez él le pegó tan brutalmente que estuvo desmayada varios minutos". Otra de las testigos es la propia hermana de Silvia quien entró y presenció una de las golpizas que le propinaba Camacho. "Era tal el miedo que actuaba en Silvia que nunca se atrevió a denunciarlo a las autoridades competentes. Ella sabía que corría peligro", dice su hermana.

A dos años de la muerte de Silvia Silva todavía no se conoce cómo se produjo. No se sabe si Camacho la mató, pero sí que en cualquier momento lo podría hacer con sus propios puños y, sin la mediación de un arma de fuego.

EN LASCANO
Cosa de "locos"

Hace unos días Lascano fue presa del terror. Veinticinco personas fueron detenidas sin pruebas, inculpadas de haber robado cuatro vacas de una estancia. El sábado 13 de abril a las diez de la mañana, tres policías llegaron a la casa de Juan y le dijeron que se acercara a la comisaría porque querían hacerle unas preguntas. "Cuando llegué a la Comisaría –comenta Juan - se me acusó por el robo de cuatro vacas del señor Sugurú. Dijeron que yo debía saber porque había trabajado con él. Uno de los policías dijo `Mira hermano, nosotros somos medio locos. Nos da igual darte garrote, pero no nos gustaría´. Eran agentes de Rocha".

Durante las 24 horas, los policías estuvieron culpándolo de haber robado las vacas junto a otra persona y que debía decir el nombre de su presunto "cómplice". La primera declaración fue tomada por un subcomisario; de la tortura se encargaron luego los policías de investigaciones que habían ido desde Montevideo hasta Lascano. "Uno me dijo: `te crees que voy a hacer quinientos quilómetros para que no nos digas lo que sabés´ - comentó el detenido. Y yo le respondí: Usted podrá pegarme un tiro pero yo soy inocente".

Enseguida un policía le dio un golpe con la mano abierta en la cara y otros dos golpes seguidos con el puño cerrado en el tórax. Por la noche, se le acercó uno de los torturadores y le comentó: "A mi tanto me da llevarte a una cañada, desnudarte y ahogarte", mientras otro de pelo largo le gritaba: "Nos mentiste todo el día y te va salir caro. Esta noche te vamos a dar la paliza de tu vida". Luego reanudaron la sesión de golpes.

Desde el sábado a las diez, cuando quedó detenido, Juan permaneció sin comer y sin ir al baño, solo recibiendo golpes y amenazas. Paso así 24 horas en la Comisaría.

El edil del Partido Colorado Fermín César, oriundo de Lascano denunció ante el plenario de la Junta Departamental rochense los hechos ocurridos en la seccional de su pueblo. "La policía de Rocha hizo un procedimiento en Lascano –dijo - , mediante el cual se llevaron presos a varios carniceros y carneadores acusados de abigeato y carneadas clandestinas. Tres de los veinticinco detenidos quedaron incomunicados y sufrieron torturas brutales. Fueron estaqueados, golpeados en el estómago, en los oídos, y presionados para que se declararan culpables. Creíamos que este tipo de cosas se habían terminado. Esto nos hace perder la confianza en la policía y pensar que la democracia va cayendo". El edil César conoció los acontecimientos cuando los familiares de los detenidos fueron a llamarlo. Apenas se enteró de lo ocurrido, se comunicó por teléfono con el Jefe de Policía de Rocha, quien le dijo: "No puedo ir hasta Lascano pero mandaré un inspector".

Acto seguido, César llamó al Ministro del interior, quien se comprometió a buscar una solución rápidamente. Cinco minutos después de la charla con el ministro se escuchó golpear en la puerta del domicilio del edil: era un agente llevando el mensaje de que el Jefe de Policía de

Rocha en persona se trasladaría a Lascano. En pocos minutos el jerarca había cambiado de parecer. A veces los teléfonos resultan útiles y poderosos. Diez minutos más tarde, el subcomisario Techera, encargado de la seccional de Lascano, llegó hasta la casa del edil y le manifestó que tenía libre acceso a la comisaría y podía ver toda la documentación que quisiera. Cuando llegó al local policial, había veinticinco personas "tiradas", algunas de ellas en un estado deplorable. Luego que todos quedaran en libertad, llevaron a uno de los detenidos al sanatorio.

El médico que lo atendió exclamó: "¡Lo molieron a palo!" "Es increíble –comenta César - , a unos los llevaron presos haciéndoles cuentos; otros iban pasando por la Comisaría, los llamaron y los dejaron adentro; otro fue a la seccional a preguntar por el padre y lo detuvieron. Estos hechos lesionaron la moral de varias personas, se violó la Constitución y los derechos humanos. Aunque la Junta Departamental con los votos de la mayoría blanca, no haya querido recibir a los perjudicados, se han hecho las denuncias en el juzgado y esperamos que haya justicia, porque si no se estaría demostrando que estamos perdiendo la democracia. No es difícil comenzar a crear por medio del miedo un estado policial persecutorio".

Las palabras sobran, es hora de que actúan los jueces y los culpables sean procesados.

EN ISMAEL CORTINAS
Al estilo Vicio en Miami

UNO

El sábado 26 de octubre, por la noche, alguien se introdujo en la estación ANCAP de villa Ismael Cortinas (departamento de Flores), forzó la caja fuerte y se llevó las joyas, lapiceras de oro, un revólver y otros objetos de menor cuantía.

Es el cuarto robo sufrido por la gasolinera en un año: ninguno de los tres anteriores habían sido declarados. Con el peso de no haber dilucidado ni esos robos ni otros registrados en la zona, "la autoridad" (según le dicen en la zona) creyó necesario encontrar algún culpable; y así procedió…

El domingo 27 de octubre era día de gran fiesta en la agencia COFAC de la Villa. Se comió y se bebió mucho. Los policías, fiesteros al fin, se tomaron unas cuantas copas, cuyos efectos no se hicieron esperar. Ya cerca de las 4 de la tarde el comisario y algunos agentes de la seccional cuarta de Flores comenzaron la caza de los "ladrones". Implacables, al estilo "Vicio en Miami" y en cuestión de minutos, había cinco "sospechosos" presos. Y la voz corrió: "Aclararon un robo…".

El hecho en sí causó mucha sorpresa entre los habitantes del lugar, quienes se preguntaban incrédulos: ¿Descubrieron a los ladrones?". Sin embargo, quedaron aún más sorprendidos cuando supieron que los detenidos eran los hermanos Rodríguez Banegas: los mellizos Julio y Javier de 13 años, Iván de 14, Nelson de 16 y Raúl de 17 fueron apresados por separado y llevados a la seccional por el antojo de un comisario que había estado de fiesta. Algunos de los gurises tienen cierta discapacidad; ni eso se respetó.

Ya en la subcomisaria local (dependiente de la seccional cuarta), les hicieron sacar los championes, los cintos, y al calabozo. "Hacía frío –comenta Iván. Nosotros estábamos en mangas de camisa. Nos daban piñazos y nos tiraban baldes de agua". En un instante, uno de los hermanos pidió para ir al baño y la voz del "servidor público" no se hizo esperar: "Hacé en el calabozo y después limpiás". El sufrimiento de los gurises fue en aumento y el pánico se adueñó de ellos.

DOS

En la noche del mismo domingo, los policías decidieron llegar a la vivienda de doña Rosa (madre de los muchachos) para realizar un allanamiento.

La puerta de la humilde casita fue golpeada con fuerza: "Abran rápido o rompemos la puerta de una patada", gritó uno de los valientes agentes, tal vez imaginándose Schwarzenegger.

Como doña Rosa es analfabeta (cosa en conocimiento de los policías), y no sabe firmar, la obligaron a estampar su huella digital en un papel que dijeron era la orden de allanamiento. La señora fue ganada por el miedo.

Iván, que había sido llevado hasta allí por los agentes, temblaba. Cuando los policías entraron en la casa, tiraron toda la ropa al piso, desordenaron y se revisaron cada rincón. Desesperado y con lágrimas en los ojos, Iván exclamó; "Sí, yo robé, yo me llevé estos 100.000 pesos, tómenlos", y sacó un dinero de entre las ropas desparramadas en el piso. Los policías, con una sonrisa en los labios y un aire de "todo resuelto", se llevaron el dinero. A pesar de saber bien que de la estación ANCAP no había sido robado el dinero.

Esos 100.000 pesos que el muchacho atormentado y presionado les entregó pertenecían a la pensión de su madre, cobrada días antes en Cardona. Un testigo silencioso y desesperado por la situación que vivían su mujer e hijos, observaba desde la cama donde estaba postrado desde hacía meses, víctima de una hemiplejía…

Minutos después de la hazaña policial llegó María de 20 años (hermana mayor de los Banegas), quien al ver el estado en que había quedado la casa se mostró en extremo nerviosa. Luego intentó averiguar el porqué de lo ocurrido y se dirigió a la comisaría. En el local le dijeron que "todo estaba en proceso de averiguaciones". Al escuchar tal explicación, la joven trastabilló y cayó desmayada, debiendo ser atendida por un médico. Aunque se recuperó del desmayo, quedó sumamente chocada.

Cerca de la una de la madrugada del lunes, los muchachos fueron liberados. El cuadro que presentaba la familia, junto a la casa desordenada, con las ropas tiradas por todos lados, es ya imaginable. Demasiado triste, pero muy real.

TRES

El lunes 29, Raúl e Iván fueron obligados a concurrir nuevamente a la Comisaría. Al parecer, luego de sesudas investigaciones (¿o imaginaciones?), se había concluido en que serían los "coautores del robo". La "autoridad" decidió pasear a los dos botijas por diferentes puntos del pueblo buscando el "botín".

Después de recorrer varios lugares, los muchachos fueron nuevamente a su casa. Allí dos policías los obligaron a pedir prestada una escalera a un vecino, para luego subir al techo en busca del revólver robado de la gasolinera: enviaban a los supuestos ladrones a encontrar lo robado. ¿Tal vez los policías de que no hallarían nada y solo se estaban burlando de los niños que venían siendo trastornados desde el día anterior? En la tarde los dos gurises fueron liberados pero recibieron la orden: "No pueden ir a la escuela, ni salir de su casa",

El martes 30, los gurises fueron a declarar ante el Juez de Paz de la localidad, Hugo Martínez Vidal. Mientras brindaban su testimonio estaba presente el comisario, quien decía: "Contá la verdad, Ivancito", tocándole la cabeza, sabiendo que el niño estaba sumamente impresionado. El mismo día los familiares solicitaron atención médica para los muchachos, pero les fue negada reiteradamente por la policía. El propio Juez señaló: "No precisan ningún papel, pídanle al médico". Sin embargo, éste no aceptaba atenderlos hasta que fueran con un papel del juez. El miércoles 31, por la mañana un vecino indignado con esta situación decidió hablar con el juez Vidal, pero este le comentó: "Hay que tolerar ciertos excesos de la policía porque el dueño de la estación está llamando y pidiendo el revólver y las alhajas".

CUATRO

Ante todos estos hechos, varios vecinos de la zona decidieron juntarse y exigir el esclarecimiento de lo ocurrido. Es así que emprendieron una movilización pocas veces vista en la Villa, e instrumentaron la redacción de una carta dirigida al Juez Letrado Departamental. "Desde un primer momento –comentaron varios vecinos - estuvimos en contra del atropello y nos empezamos a juntar espontáneamente para intentar hacer algo. Tuvimos problemas para hacer la carta porque no conseguíamos máquinas de escribir. Cuando la tuvimos era domingo y como estaba cerrada la farmacia no pudimos encontrar papel. Po eso recién el lunes 5 pudimos terminarla y enviarla. Entre tanto, el Juez de Paz decidió enviar a los dos gurises a la Cárcel departamental. Nada de INAME, directamente a la cárcel". Como la subcomisaria no tiene vehículo, los llevarían en el ómnibus de las 8.30.

La solidaridad de los vecinos actuó rápidamente, impidiendo que los policías se llevaran a los muchachos, inventando situaciones con la esperanza de que el ómnibus partiera antes que llegaran los gurises. "Dijimos que no dejábamos que se fueran porque estaban enfermos y que precisábamos un doctor, porque el médico local atiende solo pasadas las nueve de la mañana. Si él hubiera aceptado revisarlo antes, íbamos a mojar toda la ropa que tenían para viajar. En ese ínterin llegaron el Juez Letrado de Flores y el fiscal departamental".

CINCO

Los robos en Ismael Cortinas se vienen produciendo desde hace muchos años; sin embargo, como señala un vecino "solo aclararon dos hurtos de gallinas, con los grandes nunca pasó nada".

Muchos se preguntaron si la policía no estará vinculada a esos ilícitos no esclarecidos. En todo caso, el subcomisario encargado del local en la Villa ya fue trasladado. Pero solo con esa medida no se soluciona nada, ya que irá el mismo "funcionario" a cumplir "funciones" en otro lado. La única solución es que se aclaren totalmente estos procedimientos policiales, que la justicia y el Ministerio del Interior intervengan en el asunto.

Los vecinos del pueblo tienen esperanzas de que se consiga justicia debido a la buena disposición del Juez Letrado de Flores y del fiscal departamental.

Los policías y sus atropellos en Ismael Cortinas no dejan de ser semejantes a los de otros rincones olvidados de este país; sin embargo, éstos salieron a luz por la

participación de un grupo de pobladores que no se
atemorizaron y decidieron tratar de acabar con los
desmanes.

SEIS

Cuando ya me iba de Ismael Cortinas decidí tomarle
una foto a la Subcomisaria. Noto que desde adentro del
local me hace señas, luego sale un agente a decirme que el
encargado quería verme. Cuando entré, el nuevo jefe (que
sustituía al trasladado), con aires de "autoridad" y un tanto
prepotente, me interroga:

- A ver sus documentos; ¿es periodista? ¿No sabe
que no se pueden sacar fotos a la Comisaría?

- En realidad no. He sacado fotos por todos los
rincones del país y nadie me dijo nada.

- Acá hay que pedir permiso, y no se puede sacar
fotos así nomás. En otros lados puede ser.

- Discúlpeme, pero le pido que se apure porque mi
ómnibus sale de aquí a quince minutos y si lo pierno no
tengo ómnibus hasta mañana.

El hombre, un tanto nervioso, no sabía si el nombre
del periódico era Mate Amargo, Press o Presse (escrito
debajo del Prensa en el carné de acreditación). Tras darse
cuenta y tomarme los datos llamó por una radio a la
seccional cuarta para preguntar qué hacía, si me detenía o
me dejaba libre. Sorpresa grande tuvo cuando del otro lado
le dijeron: "Déjalo ir". Luego de que me comunicara lo

que ya había escuchado, le pregunté su nombre y me contestó: "Burgos, si quiere póngalo en el diario".

- No tenga dudas, le contesté y me despedí.

El ómnibus ya estaba para salir.

EN FLORIDA
Entre los menores y la Zona Franca

UNO

Era la primera vez que salía de Florida. Cuando llegó a la cárcel de Miguelete, todavía no entendía bien qué había ocurrido. Dieciséis años, una puñalada y el viaje directo a la capital. Dijeron que era peligroso. Esa fue la historia policial. Nadie preguntó si era realmente toda la historia. Hugo (imaginemos que ese es su nombre) había nacido entre la pobreza, su padres no tenían posibilidades de criarlo; por lo tanto como otros dos de sus hermanos, un día fue a parar al caso, como los otros casi veinticinco gurises habitantes de ese centro, se fue criando a los tumbos. Sin escuela, con baños destrozados, ventanas sin vidrios, entre irregularidades administrativas y creyendo comer comida… se fue criando…

Un día llegó contratada al hogar una psicóloga que comenzó a charlar e interesarse por los gurises internados. Tal vez por su trato (distinto al de la mayoría de los funcionarios), tal vez porque nunca antes vio a alguien preocuparse por él, o tal vez simplemente porque la psicóloga era bonita, Hugo se enamoró de ella. Cuando se percatan de esa realidad el director, el regente y algún que otro funcionario, echan a Hugo del albergue. Los padres explican que no pueden darle de comer y piden que lo dejen internado hasta que le consigan trabajo. Nada se logra.

Hugo decide comenzar por hacer algún robo pequeño y dejar que lo prendan para ver si la policía lo remitía al albergue. Lo mantenían algunas horas detenido y luego lo soltaban sin enviarlo a donde deseaba; que, aunque poco de hogar tenía, para él era por lo menos algo. Así su "inconducta" fue en aumento: un día tuvo un problema con uno y lo apuñaló. Lo detuvieron y lo remitieron a Miguelete. Esta versión fue reconstruida a través de los relatos de varios gurises que hoy siguen en el Hogar y el testimonio de Waldi Pereira, ex funcionario del INAME. Pero es solo una pequeña parte de lo ocurrido en aquel local durante años.

DOS

Pereira trabajaba en AFE y fue enviado en comisión al INAME. Apenas llegó, comenzó a realizar una serie de refacciones en los distintos "hogares".

Un buen día, el señor Arispe, Jefe de Personal, lo llevó a una barraca y a una ferretería de la ciudad y dijo a los encargados: "A este señor denle lo que precise". "Fue así –comenta Pereira - que un día necesitaba 10 bolsas de portland y él (Arispe) me dijo; 'Ponga 50'. Otro día necesitaba 40 quilos de impermeabilizante, y me dijo: 'Ponga 200'. Todo así… cuando llegó el verano, se fue para Río de Janeiro, pero antes de irse me dijo: 'No se exceda mucho en los pedidos de barraca porque ya estamos cerca de los cuatro millones de pesos'. Me sorprendí y le dije: '¿Cómo cuatro millones, si yo solo he levantado algunas chapas?' ¿Quién había levantado mercadería por tanta plata? Tras eso pinté la Casa Cuna de Florida, que era una tapera, como todo el INAME del departamento. Después que pintamos, salí de licencia, y cuando volví faltaban 40 litros de pintura. Le dije a Arispe: 'Acá están robando', él me contestó: 'No usted está mal'".

Luego de una discusión con Arispe y Santana, regente del Hogar de Varones, Pereira queda efectivo en ese local. "Cierto día estaba realizando una refacción –relata - y fui a la barraca a pedir unas tablas para encofrado y vigas. Ahí me dijeron: 'Para el INAME en este momento no hay madera. Las últimas tablas fueron llevadas en un camión de la Policía. Creo que iban para la octava'. Yo no había pedido nada, cómo se iban a llevar un camión. Resulta que como todo era un relajo tan grande el regente quería hacer un cielorraso en la casa y pedía madera a la barraca…"

Pero este tipo de historias también estarían vinculadas al señor Arispe. "Él trabajaba con un herrero –dice Pereira - del que aparecían notas de millones de pesos, y con un plomero que por hacer una conexión cobraba dos millones de pesos. En el hogar nadie se preocupaba por los gurises, que venían muchas veces borrachos. Fui a la jueza e hice una denuncia. Eso pasó al INAME de Montevideo. También hablé con un periodista de la radio y cuando fue a entrar le mostraron una circular firmada por Silvia Ferreira donde decía que no se permitía entrar a extraños. Cuando al fin le permitieron hacer la entrevista, solo lo dejaron hablar con una funcionaria y determinados chiquilines".

TRES

¿Irregularidades? Pero, ¿qué ocurría con la parte más sentida que son los propios gurises?

"En el hogar, el muchacho que tenía problemas de conducta –comenta Pereira - en lugar de ayudarlo le hacían la vida imposible y trataban de que se fuera. Cuando me contrataron me dijeron que iban a poner un taller con una fragua par que pudiera enseñarles un oficio. Me engañaron. Ahí (sin ser yo) no se acostumbra charlar con los menores. La nueva psicóloga fue la que entabló conversación y se preocupó".

Otro hecho que se da en el Hogar es la venta de objetos que pertenecen a los muchachos. "Ellos ingresas con cosas –dice el funcionario - o se las regalan, o las compran con algún dinero que reciben por becas del INAME, o lo que recaudan con la venta de huevos. Entonces muy seguido, venden y compran cosas como chumberas o bicicletas, o discos… Pero fue tanta la joda que comenzaron a venderles hasta la ropa; entonces decidieron controlar colocando un papel en cartelera donde decía que ningún funcionario podía comprar algo sin la autorización de los jefes y ellos decidirían los precios".

Pero ¿Qué piensan los propios chiquilines? Conversé con cuatro de ellos: por razones obvias no daré sus nombres. "A Hugo lo empujaron a caer. Nadie lo ayudó nunca y no lo querían. Los encargados anteriores lo echaron como a otro gurí que no le caía bien. Pero este encargado de ahora también está buscando que varios de estos gurises se vayan. Dice que deben encontrar trabajo cuanto antes. Si no, los quiere mandar de peones para algunas estancias, cosa que nadie acepta. Queremos un trabajo más o menos. Mal por mal, el jefe anterior robaría, pero por lo menos nos daba algo de vida comprándonos alguna cosa". Sin embargo algunas vivencias anteriores no se borran de la cabeza tan fácilmente: "A Hugo le hacían pegar por una barrita de gurises que eran mayores y a veces obligaban a pelearse entre compañeros. Un día, el regente y una funcionaria armaron un ring e hicieron pelear a dos que se tenían ganas hasta que uno largara sangre".

Pereira fue a Montevideo a denunciar lo que estaba ocurriendo, pero no obtuvo respuesta y un día quedó cesante. "Fui a un abogado –comenta - y me indicó que eso era ilegal. Volví a Montevideo y hablé con la misma persona que la vez anterior (el jefe de Arispe). Él tomó el teléfono y le dijo: 'Mirá Walter (Arispe), no hagás eso'".

CUATRO

En el ínterin, una noche, llegan dos gurises a la casa del funcionario, con dos pares de championes. "Siempre les había dicho –comenta Pereira –que cuando tuvieran championes o zapatos para colar, yo se los arreglaría en el taller. Como me los llevaron a casa, les pregunté de dónde los habían sacado y les dije que se los llevaran. Me dijeron que no podían porque se iban a la UTU. Me reintegré el lunes y entregué los championes a la encarada de ropería.

166

Ella no me dijo nada que eran robados; sin embargo, a las dos de la mañana vino la policía a casa y me llevaron preso". Estuvo detenido doce horas, incomunicado junto con otro funcionario. Después, los dos fueron al juez. Allí los menores (que en principio habían declarado que Pereira les había dado una ganzúa para que robaran la ropería) dijeron que estaba el escritorio abierto, vieron la llave y la tomaron. "La llave nunca estaba suelta, ¿cómo sé si no la dejaron a propósito para luego involucrarme?", dice Pereira. En todo caso, la Justicia no lo encontró culpable.

Cuatro meses atrás, en junio de este año (antes de que Pereira fuera trasladado del INAME a la escuela en la que hoy trabaja), el regente Santana le pidió que realizara una refacción en Sarandí Grande. "Le dije que podía ir en la tarde y que no quería problemas. Me dijo: 'Andá en la mañana que yo hablo con el nuevo jefe y no pasa nada'. El arreglo fue en la vivienda de la Jefa de la Casa Cuna. Estuve 15 días trabajando por cuenta del INAME en su domicilio particular. Después me dieron el traslado que yo había pedido y por suerte pude irme".

Hoy, el futuro del Hogar de Varones de Florida es incierto. Según distintas versiones recogidas durante mi recorrida por la ciudad, la edificación con la pequeña extensión de tierra que la rodea, sería vendida a la Zona Franca floridense ubicada a pocos metros, en la misma manzana. Debido a eso estarían intentando terminar con el servicio dado a los gurises, presionándolos para que acepten trabajar de peones, trasladándolos, o buscando que abandonen el lugar.

CUATRO SUEÑOS
El país de las lágrimas

Tal vez, al decir de Antoine de Saint - Exupery en El Principito, me hubiera gustado comenzar a la manera de los antiguos cuentos de hadas, diciendo: "érase una vez un grupo de niños...". Pero las hadas están ausentes, y la realidad tiene muchas historias. Serán contadas sólo cuatro (o quizás más). Cuatro mundos de sueños postergados como la ilusión de seguir siendo niños y no crecer. Cuatro vidas del interior, que en líneas generales son la misma. Igualita a la de tantos gurises de un país pestañador del tiempo, olvidado de los derechos del niño (como de tantos otros), paridor de ojos, miradas y pensamientos cansados de esperar la primavera. Es tan misterioso el país de las lágrimas...

UNO

Las Cañas, Río Negro. Una playa hermosa y un paisaje aún más bonito. Al otro lado del río, el sol va cayendo lentamente y se refleja en el agua, que va quedando sin gente. En la orilla, un grupo de niños, entre tres y quince años, juega. En total son veintiuno. Sus miradas, mezcla de misterio y esperanza, me llevan a preguntarles de donde son. "De Trinidad", responden a coro. Una de las encargadas puntualiza: "Del INAME de Trinidad". Los ojos trasuntan cierta tristeza, pero también se les nota alegría por la estadía en Las Cañas: jugar en la arena, mirar el cielo azul con sol brillante, zambullirse en el agua clara, tocar las hojas verdes de los á árboles y las flores, escuchar e imitar el canto de los pájaros... Simplemente vivir intensamente el lugar.

Todo les parece hermoso. Un hecho pequeño en su dimensión material configura un gran acontecimiento en la sencilla y rutinaria vida de esos niños. El día anterior festejaron los quince años de Andrea; a su manera, pero con una sonrisa. "Este lugar es muy lindo - comenta la niña - . Ayer pasé muy bien. Todos nos queremos mucho, aunque mi mejor amiga es Azucena. Estamos juntas desde los tres años". En el grupo hay cinco hermanos: un barón y cuatro niñas, que además tienen otros dos hermanitos internados en el Hogar de Durazno.

La responsable del Hogar Trinidad, Susana Duarte, que está á a cargo de la excursión, señala que "había otros dos hermanos juntos, pero luego se tuvieron que separar porque uno de ellos fue adoptado. Aunque se siguen viendo seguido porque la familia vive cerca del Hogar. Algunas de las personas que se interesan en la adopción provienen del departamento, pero la mayoría son de otros lugares. A veces hay familias que adoptan una niña pero no quieren que siga viendo a sus hermanos".

En medio del bullicio de las conversaciones, Silvia me comenta despacito, casi en secreto: "Yo soy nueva, recién ingresé al grupo". Karina, Charo, Azucena,

Hiroshima, Ulises, Andrea, todos hablan... Se mezclan las palabras y el jolgorio se extiende.

En 1973 fueron abandonados setenta y cinco niños en los departamentos del interior. El año pasado, ciento cuarenta... Las causas de internación en el INAME son diversas: el 10 por ciento es por abandono de sus padres, 23 por ciento debidos a la insuficiencia económica de la familia, 25 por ciento por carencias de vivienda, 25 por ciento por necesidad de trabajo de la madre, el 10 por ciento por "delito" y el restante 7 por ciento en virtud de causas desconocidas. De las cifras se desprende que la mayoría de los abandonos se dan por carencias económicas: todas las causales mencionadas en lo porcentajes se relacionan con situaciones de pobreza.

En 1987 había 1.067 internos y 312 externos "asistidos" por el INAME en el interior. ¿Es solución internar a los menores o se debe apuntar a desarrollar políticas orientadas a terminar con la miseria?

Sin duda se debe corregir las causas del abandono, pero también brindar condiciones humanas más dignas a los niños que llegan al INAME. Muchos son los "hogares infantiles" que tiene el Instituto en el interior: algunos verdaderos ejemplos, como el establecimiento de "Las Brujas" en Canelones, con experiencias pedagógicas importantes y donde la libertad, la participación y la igualdad no son solo palabras. Otros de triste recuerdo, como el preventorio de Treinta y Tres, denunciado en 1987 por las torturas que muchos funcionarios infligían a los niños. No sé cuál es la situación verdadera del Hogar de Trinidad, pero en todos caso es importante rescatar la alegría de esos niños en Las Cañas. Las miradas de estos gurises revelan la esperanza que tienen de un día poder contar una historia simple, donde un niño y una familia se puedan encontrar y caminar juntos.

☐

DOS

Dos niños anónimos llegaron al puesto de Salud Pública de Paysandú. Con un aspecto de tristeza, desmejorados, flaquitos y tremendamente pálidos. Las defensas de sus organismos cayeron rápidamente en los últimos días y los padres no entienden cuál es la causa. Quedan internados. Días después ingresan al mismo hospital tres niños pertenecientes a familias evacuadas de la zona cercana al río Uruguay. También flaquitos, pero con sus defensas un poco más firmes: Geraldina, de un año y medio, Geila de 10 meses y Jésica.
La primera se recuperó rápidamente; las otras dos pasaron a ser atendidas en dependencias del INAME. Los cinco niños padecían diferentes grados de desnutrición. Los dos anónimos no resistieron. Una reyerta política los confunde con los evacuados, y para confirmar la versión deciden investigar de dónde habían llegado: uno de apellido Suárez era de Cañada del Pueblo; el otro de apellido Rodríguez, de Nuevo Paysandú. Dejaron de ser anónimos. El doctor Marcelo Pinto, Director del Hospital del Litoral, señaló que "la desnutrición no es directamente la causa de la muerte. La desnutrición elimina las defensas del organismo, las causas de la muerte son las diversas patologías que se pueden contraer".

De los ciento veinte millones de niños que nacen antes al año en el tercer mundo, cerca de quince millones mueren de los dos meses a causa de enfermedades vinculadas con la desnutrición. Una muerte cada dos segundos. En nuestro país, las cifras muestran que, mientras en los barrios residenciales de las ciudades de interior (como en Montevideo) la mortalidad infantil parece "europea", con cuatro muertes cada mil que nacen; en las zonas urbanas indigentes y los rancheríos rurales, de mil nacidos mueren setenta y tres, llegando a números similares a los del continente africano.
"Robamos para comer", decía un niño el año pasado mientras ayudaba en el saqueo de un depósito de alimentos en la ciudad de Florida.

Hace poco, otro gurí agobiado por la inundación en la ribera de Bella Unión, me comentaba: "Para nosotros es muy difícil comer carne porque no siempre da para comprar".

En los niños de éstas áreas predominantemente pobres, urbanas o rurales, existen carencias nutricionales muy importantes. El 52 por ciento de los chicos que viven en ellas muestran una talla muy baja en relación a su edad; señal clara de desnutrición. Esta lleva a trastornos en la salud, debilidad, bajo desarrollo intelectual, insuficiencia en el desarrollo psicosomático y por lo tanto efectos negativos sobre el rendimiento escolar. En las capitales del interior, el 56 por ciento de los niños son desnutridos, y en el resto del interior la cifra es del 51 por ciento.

En Melo, otros gurises llenos de flacura jugaban y sonreían porque (tal vez) no les habían fumigado el sueño de conquistar su mundo, ese lugarcito tan pequeño, imaginado hasta los tuétanos, con pensamientos y deseos preñados de cosas por hacer...

□

TRES

Llegó despacito y se quedó acurrucado contra las maletas, escondidito tras un árbol de hojas muy verdes, como anunciando el otoño que se viene acercando. "¿Querés que te guarde el bolso en el maletero?, me preguntó. Luego ofreció lo mismo a los otros pasajeros. Frente a la empresa CUT, en Fray Bentos, el niño intentaba "hacer algún peso para ayudar en la casa" y me decía: "Yo siempre vengo cuando están por salir los ómnibus; tengo ocho años y la propina me sirve".

Doscientos cincuenta quilómetros al norte, en Salto, Julio - un gurí de trece años - trabaja recolectando naranjas durante la zafra. En los meses restantes realiza otras changas. Cuando habla, su rostro se ilumina y sus ojos brillan, trabaja desde los nueve años:

"Cuando hay sequía –comenta - me jorobo, porque cuanto menos tenga para recoger menos dinero gano. Cuando no está á la naranja me dedico a cortar pasto o hago las changuitas que surjan. Tengo dos hermanitos que hacen lo mismo. Lo que sacamos nos da para comprar los cuadernos para la escuela y ayudar algo en la casa. A la zafra vamos en el camión de la empresa. Lo bravo es cuando hay frío".

Paralela a la vida de Julio, hay otras en diversos rincones. En Nueva Helvecia, algunos niños acostumbran trabajar cargando leña en las panaderías a cambio de unos quilitos de pan y algunos bizcochos. En ciertas arroceras de Treinta y Tres y Cerro Largo, los menores laboran por la mitad del sueldo de los mayores. El trabajador de una arrocera cercana a Paso Pereira en Cerro Largo, me comentaba hace un tiempo: "Acá á estaba Juancito, que se fue para el pueblo. Qué gurí guapo. Tenía dieciséis años y trabajaba en el tractor desde los catorce, ganando medio sueldo. Trabajaba más que un mayor y todavía hacía de mecánico".

Según datos de la OIT (Organización Internacional del Trabajo), en 1979 - Año Internacional del Niño - cincuenta y dos millones de menores de dieciséis años en todo el mundo estaban obligados a trabajar para sustentar a sus familias. En 1990 pasaron los ciento cincuenta millones.

En Uruguay, el 10 por ciento de quienes trabajan o buscan trabajo en el interior tienen entre 12 y 18 años. Las estadísticas sin embargo, son tan solo aproximadas, porque es difícil determinar el número de trabajadores informales, que tal vez sean la mayoría, y no se tienen en cuanta a los menores de doce años que también trabajan.

Según diversos autores que han estudiado la problemática de la niñez en el Uruguay, no existen datos suficientes sobre el trabajo infantil, más allá de constatarse que aumentó en años recientes. Sí se sabe, que la mendicidad creció notablemente en los últimos dos años, así como las changas en ferias o zonas agrícolas. La pobreza obliga a embarcarse en cualquier posibilidad que signifique una pequeña entrada: la caña de azúcar, el arroz, cortar pasto, vender diarios, acomodar maletas, recolectar naranjas, salir a la pesca con los padres...

Son los pasajeros de tiempos e historias, los equilibristas de una realidad, adultos antes de crecer...

CUATRO

Constitución, Salto. "Hoy vamos a dibujar una casa con flores", dijo la maestra a sus alumnos. Todos tomaros sus lápices y comenzaron a dibujar. Pero dos de ellos bajaron la cabeza, se escondieron tras el alumno que estaba delante y no hicieron nada.

La maestra se acercó a ellos para preguntarles por qué no dibujaban. Se miraron, uno de ellos se calló, el otro con una lágrima en el rostro y un poco temeroso, dijo: "No tenemos lápiz".

Conocedora de la situación, pero bastante perpleja, la maestra miró los bolsillos de su guardapolvos y sacó el único lápiz que tenía. Lo partió en dos, sacó punta y dio la mitad a cada uno. La sonrisa brotó en los gurises como una ráfaga de pájaros. "Esta historia pinta las carencias que hay. Primaria apoya muy poco y la mayoría de las familias son muy carenciadas. Esto hace que a nivel de quinto y sexto años muchas veces los niños dejen de concurrir a clase. En estas condiciones, donde uno no tienen ni un lápiz, ¿cómo va a pedir al niño que traiga cartulina de color o cuadernos de cien hojas?", me comentaba la maestra.

En los últimos años se ha dado un deterioro cualitativo de la enseñanza rural debido a la imposición de programas urbanos, la exclusión de métodos específicos que tiendan a integrar la escuela al medio y la carencia absoluta de material didáctico. También existen diversos obstáculos para el ingreso de los niños a la escuela: en varios sectores de la población rural o de gente que vive en los pueblos pequeños, se hace muy difícil asistir a la escuela por falta de transporte luego de que se liquidara el tren, o falta de medios económicos.

La deserción escolar en el interior del país aumentó considerablemente, y algunas escuelas rurales se vieron obligadas a cerrar sus puertas. Si bien la educación primaria y secundaria es obligatoria por mandato constitucional, no todos los niños pueden acceder a ella por mandato de la economía. Cualquier medida para proteger la minoridad, fuera de un conjunto de políticas sociales destinadas a mejorar la vida de la gente del interior, fracasaría.

Si bien en los diferentes estudios sobre infancia se nombra –mínimamente - al interior del país, la mayoría se basan en datos de Montevideo, lo que muestra qué lejos está ese Uruguay (olvidado hasta en las estadísticas) de su capital.

Muchas veces, al mencionar la problemática de la infancia en nuestro país, se ha dicho que el futuro estaba en juego. No es el futuro el que está á en juego, es el ahora. Se debe asumir el desafío de ver con los ojos del corazón y comenzar a solucionar el vasto drama de tantos gurises, que han sido olvidados por la vida en el país de las lágrimas.

CONSTITUCIÓN Y BELÉN
Los niños del azúcar

UNO

Detrás de un pequeño cartel en el que se lee "No privatizar El Espinillar", un niño mira entre asombrado y sonriente el resto de los manifestantes que se disponen a marchar rumbo a Salto. Hacía años que su padre trabajaba como zafral en el establecimiento agroindustrial salteño, pero este año, debido a la reducción del área de plantío, no volvió a ser contratado.

Desde el momento que comenzó a circular la versión del posible cierre de "El Espinillar", Constitución y Belén se convirtieron en dos poblaciones agonizantes. Todos sus habitantes sufren el posible desenlace, pero de una manera especial y desde el primer momento, los niños de estos pueblos empezaron a ser víctimas privilegiadas de la situación. Los efectos - por ahora psicológicos - que les produce la posibilidad viva de que sus padres queden sin trabajo, hacen que sus cabecitas piensen y repiensen: ¿Por qué papá y mamá á están enojados? ¿Qué hacemos si no tienen donde trabajar? ¿Me tendré que ir de aquí? ¿Dejaré a mis amigos? ¿Dejo la escuela y trabajo más horas? Cada caso es especial, diferente, pero el conjunto tiene una denominación común: víctimas del posible cierre de "El Espinillar".

Otalvi, 13 años.

"Si se llega a cerrar, la mayoría de la gente se irá á para Montevideo. Acá trabajo no hay. Todos los de Constitución y Belén no vamos a poder entrar en la capital porque entre nosotros, más los que van de otros lados, va a quedar relleno. Mi madre piensa irse, pero a mí no me gusta porque no voy a conocer a nadie y además no quiero dejar a mis compañeros. Somos ocho hermanos. Yo siempre pensé que cuando fuera grande iba a trabajar en El Espinillar".

DOS

En el preámbulo de la Convención sobre los Derechos del Niño, de 1989, se declara: "Convencidos de que la familia, como grupo fundamental de la sociedad y medio natural para el crecimiento y el bienestar de todos sus miembros y en particular de los niños, debe recibir la protección y asistencia necesaria para poder asumir plenamente sus responsabilidades dentro de la comunidad...". La Convención considera que el Estado, por medio de sus estructuras debe ayudar a los padres y madres a que puedan cumplir con sus responsabilidades. Sin embargo la sociedad, incluido el Estado, impulsa muchas veces a la familia a vivir situaciones límite, enfrentándose a una total desprotección en los campos de salud, vivienda, educación y falta de fuentes de trabajo. El caso de "El Espinillar" es un ejemplo: se está á instrumentando el cierre de la única fuente de trabajo de una región del país, sin ofrecer alternativas viables.

Juan, 9 años.

"Tengo cuatro hermanos que fueron hasta cuarto año de escuela; el más grande no consigue trabajo y por ahora se dedica a la pesca. Mi papá á trabaja desde hace muchos años en 'El Espinillar'. Estuvo en el riego y en las bombas. Si se queda sin trabajo se irá pa Montevideo. A mí de repente me gusta ir, porque nunca salí de acá. Mamá y papá á se apartaron, yo vivo con papá pero veo seguido a mamá".

TRES

Según datos del último censo de población y vivienda, realizado en 1985, el 40 por ciento de los niños uruguayos menores de 14 años viven en condiciones de pobreza. De un total de 795.906 niños, 317.563 viven en hogares donde el ingreso familiar no alcanza para cubrir una canasta familiar mínima. Muchas veces los niños sufren la misma tristeza que sus padres cuando los ven sin trabajo, y quizá sea en el juego donde puedan expresar sus preocupaciones y esperanzas.

- ¿Ustedes juegan al fútbol?

Otalvi: En Constitución lo principal, cuando venimos de la escuela o el liceo, es jugar a la pelota en la canchita después de hacer mandados.

- ¿Les gustaría ser futbolistas?

Otalvi: Si, como Maradona, para jugar como él y tener mucha plata.

Juan: A mí me gustaría sacar el Cinco de Oro... Le doy un poco a mi madre y un poco a mi padre y me compro una estancia. Mi padre siempre vuelve muy cansado de trabajar.

Otalvi: Hasta hace poco estuvo en el Seguro porque andaba muy jodido de las caderas. Después que salió del Hospital; quedó tiempos con yeso, pero estaba tan embromado que le daban tres o cuatro inyecciones por día.

CUATRO

La doctora Adela Reta, jurista, ex Presidenta del Consejo del Niño (hoy Instituto Nacional del Menor) y ex Ministra, en un ensayo sobre los aspectos del niño, dice: "Un enfoque de la protección de la minoridad fuera del conjunto de políticas sociales destinadas a mejorar la vida del hombre en sociedad, conduce al fracaso". Según estimaciones, actualmente en nuestro país trabajan casi 68.000 niños entre 11 y 13 años, y cerca de 120.000 entre 14 y 19.

Hugo, 12 años.

"Yo tenía un hermano que trabajaba la zafra en el corte de caña, pero no lo llamaron más. Somos once hermanos, ninguno estudia. Algunos trabajan arrancando naranjas, los más chicos no. Parte de lo que yo cobro lo doy en casa. Mi papá es jubilado de 'El Espinillar'. La gente de acá está muy preocupada porque si lo cierran tendrían que irse. A mí me gustaría irme para Montevideo porque allá á se puede conseguir trabajo".

Jorge, 14 años.

"Si cierran, va a venir una crisis. Muchas familias que están necesitando se van a quedar sin trabajo. Eso es muy triste. No hay otros trabajos. Van a faltar alimentos.

- ¿Vos trabajás?

- Trabajo y estudio. Estoy en tercer año de liceo acá en Constitución. Pienso ir a la UTU en Salto.

- Es bravo estudiar y trabajar...

- Muchas veces sí, porque vuelvo cansado y se me dificulta un poquito para estudiar. En mi casa no me obligan a trabajar pero ya me acostumbré.

- ¿Conocés otros gurises que los padres trabajen en "El Espinillar" y quedaron sin trabajo?

- Algunos, porque todavía no cortaron mucho. No saben qué hacer, tienen que salir a buscar trabajo. Hacen changas en las chacras; ahora están en la naranja... Yo creo que mucha gente se va a ir del pueblo, que va a quedar deshabitado.

Andrés, 11 años

"Hice hasta tercer año de escuela y tengo que trabajar mucho. Vendo azúcar y yerba del Brasil. Hace muchos años que trabajo en esto. Vendo para otra señora. Ahora, si se cierra 'El Espinillar', no sé qué vamos a hacer; yo vivo con mi mamá y mi abuela. Pienso que nos tendremos que ir. Es difícil, tengo hermanos que trabajan allá".

Hasta en el hablar, los gurises han ido adquiriendo el lenguaje de los adultos...

CINCO

Bella Unión, otra zona azucarera. Ciento veinte kilómetros al norte de Salto la situación de los niños también es difícil.

Giselle, 14 años

"Poder estudiar se puede - comenta Giselle - , pero hay muchos jóvenes que no tienen esa posibilidad y buscan trabajo en las chacras, cortando caña o leña en el monte, y las mujeres hacen limpieza o se emplean en la uva. La mayoría de los gurises se tienen que ir a buscar trabajo en otro lado. Yo estudio repostería".

Mónica, 15 años.

"Yo trabajaba cortando caña para semilla y también corté tomateras. Acá á uno de los mayores problemas es la prostitución. Desde los doce o los trece años salen a la calle y pierden la juventud. Conozco varias compañeras que entraron en eso porque en las casas no tenían qué comer".

Pero a pesar de estas dificultades, el calor de la solidaridad ahuyenta la tristeza. Mónica y Giselle trabajan por su futuro y el de otros niños colaborando en el comedor de la escuela del pueblito La Piedras que cuenta con más de 200 gurises, y en el merendero del Movimiento por la Tierra. "El merendero busca dar un vaso de leche y un pedacito de pan para que los gurises tengan algo en la barriga antes de dormir", dice Mónica.

El recorte de las políticas sociales profundiza las consecuencias de esta realidad, comprometiendo el futuro de la niñez.

....

Al lado de una pancarta conversan varios niños. Son hijos de trabajadores o habitantes de Constitución y Belén. Muy poca gente en Montevideo sabe de ellos; desde temprano están aprendiendo a pelear contra un mundo que los empieza a golpear cuando deja sin trabajo a sus padres.

La Convención sobre los Derechos del Niño de las Naciones Unidas, a la que adhiere Uruguay, señala la necesidad de proteger a los niños... La política aplicada en "El Espinillar" parece estar muy lejos de eso.

AZÚCAR AMARGA
Las marchas vienen del norte

Lo que ocurrió en el pueblo de Constitución en la noche del miércoles 16, fue una manifestación de solidaridad social entre quienes viajaban a Montevideo y quienes se quedaban. Minuto a minuto los habitantes de la zona vivieron el contagio de la lucha común, de esa pelea conjunta gestada durante varios días preñados de reuniones, asambleas y marchas hacia Salto.

Al amanecer del jueves estaba lloviendo. Sin embargo, desde muy temprano, por encima de la tormenta se oían los motores de seis ómnibus que llevaban a los vecinos de Constitución. En Salto se les unieron cinco más, venidos desde Belén y otros tantos con ciudadanos de la capital departamental. A las nueve y treinta, mientras la ciudad trabajaba, la marcha se detenía frente a las refinerías de La Teja. Seiscientos cincuenta trabajadores y vecinos de Constitución y Belén descendieron de los diferentes buses. Allí los aguardaban los trabajadores de ANCAP de Montevideo, quienes se plegaron al a marcha hasta el edificio de la Administración Central del organismo, y luego recorrieron 18 de Julio, bajando por Ejido rumbo al Palacio Sud América, donde se realizaría una asamblea.

Walter, un joven de pelo largo rubio, sonrisa ancha, mostraba su alegría por llegar a esta movilización. En sus ojos se notaba el ansia de buscar mejoras para su Villa. En las palabras se notaba la pujanza de quien no se queda parado esperando el destino. "Esta movilización comenzó a tomar fuerza –contaba - a partir de la Coordinadora de Mujeres. Primero se trató de llevar el caso a la Junta Departamental de Saldo, donde nos llevamos una desilusión porque no nos dieron pelota. Pero no nos sentimos derrotados y de allí para adelante comenzamos a trabajar con vistas a incrementar nuestra lucha y venirnos a Montevideo. El viaje fue un poquito cansador pero estoy muy contento porque la gente vino consciente de que solo movilizándonos podremos salvar. 'El Espinillar' de la privatización y que esta pelea está por encima de las banderías políticas que pueda tener uno". A las diez de la mañana ya estaban en marcha lenta, segura, con un andar dolido por la realidad que los golpea. Una realidad con rostro de "presidencial sonrisa", trajeando con mil justificaciones que quieren explicar esa tremenda mentira de la campaña electoral: "cada vez más cerca de la gente". Al llegar a la Pilsen, los trabajadores de esa empresa pararon sus actividades solidariamente y se unieron a la marcha. A las doce y treinta entraban a la calle Yatay las primeras pancartas y de a poco la gente comenzaba a invadir la cuadra del Palacio Sud América. Media hora después empezaba la asamblea.

Durante la misma hablaron legisladores de distintos sectores políticos que están contra la privatización, así como dirigencias sindicales y representantes de la Comisión Pro Defensa de "El Espinillar".

Hay cierta alegría y cierta rabia reflejada en los rostros: saben que la lucha por el Ingenio salteño no termina en las reuniones, ni en las marchas, ni en las asambleas. Es probable que ese sentimiento de injusticia madurado durante años, cultivado con la cruda desesperación de aquellos a quienes le roban su trabajo, desemboque en un aumento de la movilización porque solo así podrán lograr su objetivo.

Con el Ingenio Azucarero de "El Espinillar", Constitución y Belén pasarán a ser propiedad privada de algún rico autóctono o de un "inversor extranjero". Más allá de las palabras, esa es la realidad. Para alguien que sigue teniendo sus raíces en Constitución (el periodista quedó de lado) es imposible no dejarse llevar por el contagio, porque el sentimiento de la gente también es el de uno. Como en la década del 60… las marchas vienen del norte.

PRIIMERO DE MAYO DIFERENTE
Así empezaron las cosas

Cuando la marcha ingresó a la Plaza Artigas de Salto, varios de los huelguistas dejaron deslizar alguna lágrima. Eran cinco cuadras de gente que avanzaba hacia la Curia Diocesana, coreando consignas contra el cierre de "El Espinillar".

El cielo nublado amenazaba desatarse en lluvias, como sucedía en otros departamentos del litoral; sin embargo, el agua no llegó. Quizá la energía colectiva de los más de 1.500 manifestantes, o tal vez la fuerza y la entereza mostrada por los catorce ayunantes, no dejaron que ese Primero de Mayo el cielo llorase.

UNO

Desde el 22 de abril, cuando comenzaron su ayuno, ocho trabajadores del Ingenio Azucarero de El Espinillar habían vivido momentos inolvidables de solidaridad, y sentido apoyo de los salteños que no quieren ni aceptarán con los brazos cruzados la privatización de la mayor fuente de trabajo de la zona, porque saben que eso significaría la muerte de Constitución y Belén y un colapso difícilmente reversible de la capital departamental.

El día anterior, martes 30 de abril, Graciela Aramburu, la negrita huelguista en representación de la Comisión Pro Defensa de El Espinillar, me había dicho: "Estos días hemos sentido la solidaridad de la gente. Pudimos ver cómo los salteños de distintos sectores políticos vinieron a darnos su apoyo. Hubo momentos en que la emoción fue muy grande, como cuando vino una escuela a visitarnos y preguntaban por qué hacíamos esto, por qué el gobierno quería cerrar el ingenio; un montón de preguntas que cuando las hace un mayor es más fácil contestar, pero que decirles a los niños in influenciar en sus cabecitas…".

DOS

Ese mismo día 30, en la Curia, se reunieron representantes de distintas organizaciones políticas y sociales con el ánimo de crear una comisión departamental encargada de instrumentar una recolección de firmas capaz de demostrar cuál es la voluntad del departamento sobre el destino de Ingenio.

El presidente del Comité Ejecutivo Departamental del PGP, Enrique Zunini, señaló: "La reunión fue convocada por la gente de 'El Espinillar' para que se integraran todos los sectores ciudadanos que tienen que ver con la actividad política y social del departamento. Fue un primer contacto para estudiar de qué manera la ciudadanía podía expresar su voluntad contra la privatización. Hay consenso de que sería algo positivo una recolección de firmas a nivel departamental. En principio creemos que la recolección se hará a nivel departamental, pero pensamos que puede ser el inicio de un gran movimiento contra la entrega del patrimonio nacional".

Wilda Viñolo, Secretaria del Gremio de Empleadas Domésticas, que también participó de la reunión, comentó: "Este movimiento apuesta a una campaña de concientización de la gente, para que se sepa lo que está ocurriendo y se tenga en cuenta que lo de 'El Espinillar' responde a una determinada política del gobierno. Que acá, quien pierde un empleo queda condenado, porque no hay fuentes de trabajo".

El Movimiento de Rocha también se hizo presente, a través de Julio Irigoyen, Presidente del Comité Ejecutivo Departamental, quien manifestó: "Es una recolección de firmas que busca sensibilizar a la gente contra esta política de gobierno, tomando el Ingenio Azucarero como ejemplo de lo que va a pasar si las privatizaciones prosperan. El desmantelamiento de los entes del Estado provocará múltiples trastornos económicos y sociales a la gente; si nos proyectamos hacia el MERCOSUR –que nadie sabe nada o todo el mundo toca de oído - la situación va a ser peor todavía. Por esto creemos que más allá de Salto se debe llegar a todo el país en una gran campaña".

TRES

Cuando los 14 trabajadores que realizaban la huelga de hambre salieron a recibir la manifestación, hubo un quiebre en el tiempo y comenzó un 1 de mayo diferente.

Varios ómnibus repletos de trabajadores habían llegado hasta Montevideo, reconociendo en las movilizaciones de los obreros de "El Espinillar" y los vecinos de Belén y Constitución, y tal vez también el punto de partida de un movimiento más amplio.

Antes de que se iniciara la oratoria del acto, Walter "Cholo" González, del Movimiento por la Tierra, que participaba en al ayuno señaló: "La huelga de hambre despertó inquietud en Salto. Los pueblos de Constitución y Belén participaron activamente. Esto no solo ha servido para el pueblo del departamento sino que abre una perspectiva a nivel nacional para enfrentar en serio, esta política del gobierno que quiere entregar todos los entes del Estado. Tiene que convertirse en un llamado para que, a nivel nacional, todos los partidos políticos y las organizaciones sociales que estamos contra las privatizaciones impulsemos un plebiscito en defensa de la soberanía. La huelga de hambre sensibilizó a la gente que no es militante, ni de partidos políticos ni de nada, que no quiere que cierren las fuentes de trabajo.

CUATRO

Durante el acto se escucharon las palabras de dos trabajadores, representando a los huelguistas, quienes con gran emoción señalaron su alegría por la repercusión que tuvo su lucha en el pueblo salteño. Luego habló el dirigente de la Federación ANCAP, Hugo de Melo quien realizó duras críticas al PIT - CNT por la incapacidad de globalizar la lucha, y añadió: "Esta crítica a la Central es primero autocrítica, porque somos parte de la Central y tenemos una gran responsabilidad".

Cerró el acto el dirigente de la filial Espinillar del sindicato, Richard de los Santos, quien entre otras cosas señaló que con la huelga de hambre se buscaba sensibilizar y desenmascarar la propaganda "artera y mentirosa" que realiza el Directorio de ANCAP. Enfatizó que "esto se logró en Salto; no estamos seguros si se puede lograr en el país. Y en esto juega un papel fundamental nuestra central obrera PIT - CNT, que no puede ser una mera coordinadora de sindicatos. Estamos disconformes y no contra la Central; vamos a seguir reclamando que ésta y sus dirigentes se vinculen más a la gente, arrastren alpargatas entre los peludos y se junten en las asambleas y estén presentes en los lugares donde haya trabajadores luchando". Por último, de los Santos señaló que todos los objetivos trazados se habían cumplido, por lo que era el momento de levantar la huelga de hambre, propuesta que fue apoyada por todos los asistentes al acto.

CINCO

Luego de escuchar las múltiples críticas a la central sindical Mauricio Loschi, representante en el ayuno de la Comisión de Derechos Humanos de la FEUU –Salto, comento: "Para los estudiantes, la huelga de hambre fue una experiencia importante porque significó la unión en la lucha junto a los trabajadores. Sería muy importante que la FEUU a nivel nacional adoptase una posición de lucha junto a los trabajadores, contra las privatizaciones e hiciera conocer a nivel de Montevideo la pelea que se viene dando en Belén y Constitución".

Aquel movimiento de amas de casa que impulsó la creación de una Comisión Pro Defensa de "El Espinillar", dio el primer paso hacia este Día de los Trabajadores diferente, mostró un camino distinto. Hoy, todo el pueblo de Salto está consciente de lo que significa el cierre del ingenio azucarero y seguirá demostrando su oposición con firmas y con la continua movilización, impulsando la esperanza de que se extienda a todo el país, de manera tal que sea el pueblo quien decida sobre el destino de las empresas del Estado. Tal vez, algún día no muy lejano se pueda decir: "Así empezaron las cosas".

LA SABIDURIA DE
UN HOMBRE DE CAMPO
El corazón está a la izquierda

El hombre miró los alambrados, extendió su vista hacia las estancias y se topó con el horizonte. Luego apretó los puños y reflexionó: "Me dicen que Gallinal es una excelente persona, un tipo responsable, y yo les digo que no. Con solo saber que tiene ochenta mil hectáreas de campo y no las reparte, mientras hay tantos gurisitos con hambre a su alrededor..."

Las Cañas… Un pueblito cerca de la ciudad de Guichón. Allí vive el "viejo" Juan con su compañera y varios hijos. Es plantador de dieciséis cuadras, ubicadas entre dos latifundios: a un lado, cuatro mil hectáreas que pertenecen a un yerno de Juan María Bordaberry; al otro, grandes extensiones de propietarios argentinos.

"Yo me crié en aquel rancho –dice señalando hacia el norte. Todas las tardes salía a pedir al pueblo para poder comer porque era huérfano de padre. Ningún gobernante se acordó de que había gurises, pero muy bien que durante las elecciones iban a pedir el voto. A cincuenta y cuatro años de mi nacimiento, murió un hermano y quedaron varios hijos chiquitos; como en mi época, ningún político se acordó de que allí había gurises, se fueron criando como pudieron…"

A pesar de la dura experiencia, Juan sigue tratando de conquistar el presente. Cada minuto de su vida, lucha (a su manera) contra lo que considera una tremenda injusticia.

"Siempre le hablo a la juventud –cuenta - . Miren –e indica los latifundios linderos - , donde quiera que se encuentren (en los pueblos más porque hay muchas cosas), acá por ejemplo, a no ser por el cielo y los árboles, esa plantación, el alambrado, los postes, los ranchos, la casa… Todo eso ¿quién lo hizo? Dirán que es la mano del hombre. Sí, pero la mano del obrero. Sin embargo, él se lleva como la mojarra, solo las migas… ¿Por qué no le dan a ese hombre lo que le pertenece? Uno ve que los maestros ganan poquísimo (la maestra que tenemos aquí gana más porque es rural) y el año pasado no quisieron darte treinta mil pesos de aumento mientras votaban millones para los gobernantes. ¿Qué material distinto tiene? Ninguno… Es la diferencial social…"

En los lugares más recónditos de este Uruguay seguimos encontrando esa clase de criollos que, en una charla, mate a mate, da lecciones de vida. Pasado y presente se mezclan, quizás sean un mismo tiempo, una escuela para caminar hacia el futuro. "Yo trabajé –cuenta - un lote de años atrás en una esquila al lado del puente de Salsipuedes. Éramos treinta y cinco personas… sacábamos la carne y la sopa de un latón; el que tenía cuchara comía, el que no; esperaba en la cola si le daba el tiempo que tenía para almorzar. Todos comían y tomaban la sopa del mismo fuentón. Eso me quedó grabado, ahora puede que haya cambiado algo pero las condiciones en que trabajan siguen siendo malas…"

No hay amargura en sus palabras: son serenas, calmas… pero también firmes y cuestionadoras. La tarde está cayendo, el viento fresco le da un toque invernal. Se sumaron varios jóvenes a la rueda; seguido vienen a charlar con Juan. "El que nos puso el seudónimo de seres humanos se equivocó –dice el viejo - . Yo a veces tengo la duda si realmente lo somos… pensamos siempre en lo material: este buzo, el sombrero, porquerías. Vale mucho más la vida del hombre. La tierra sin el hombre que sería. A veces nos dicen que no se puede hacer pozos en la tierra porque queda marcada. "¿Cuántos pozos han hecho en nuestras vidas y siguen sin cicatrizar?

Este trabajador rural, empeñado en la justicia y politizado por el dolor, por la lucha del día a día, por ese intenso trajinar como peón de una estancia a otra, da lecciones de solidaridad, de espíritu de lucha, de imaginación a muchos sectores progresistas que de tan montevideanos se olvidaron del interior. Donde era casi imposible que una fuerza de avanzada pudiera crecer, este viejo luchador de la vida, en Las Cañas, venciendo el derrotismo y sacudiendo la modorra del fatalismo, trabaja por la esperanza.

"Dicen los sabios que el hombre tiene el corazón a la izquierda. Yo sostengo que sí, pero el hombre que siente al hombre como hermano y pelea por él. Para mí la lucha va a ser un cheque al portador, pero cuando estemos seguros de que tenemos que ir convenciendo al otro. Pero no políticamente, porque de nada sirve que vos vengas acá y digas que fulano es bueno y zutano malo. Hay que mostrar

que si un quilo de carne vale un precio es porque alguien
lo puso… que la persona sepa quién es, que lo sienta. Por
qué Raúl Sendic le entró a los peludos, porque se quemó
junto con ellos, anduvo entre las arañas, fue uno de ellos…
¿Cómo le entré a la gente acá? Porque le fui con la verdad,
con lo que me tocó vivir. Siempre les digo a mis amigos
que no tengan miedo a los católicos, ni a los comunistas, ni
a los tupamaros. Que no le tengan miedo a ninguno de los
que quieran arrimarse si es gente que realmente está del
lado de los pobres y viene a pelearla con ellos. Yo sé que
todas las luchas son difíciles, pero si no se intentan son
mucho más difíciles…".

PARÉNTESIS FINAL…

El último tramo de este libro quiere ser un paréntesis… es imposible que sea fin, pues las historias se siguen desarrollando… son parte de ese país olvidado por Montevideo… Su libertad como el futuro y la vida comienzan en el pensamiento. Mantengamos viva la memoria, y hagamos que no deje de caminar…

ALGUNAS palabras y siglas

Gurises: En la jerga popular del interior uruguayo, niños o muchachos.

Peludos: Cortadores de caña de azúcar.

Changa: Trabajo extra.

Currar: En la jerga popular del Río de la Plata, aprovecharse.

Yutos: Falsos. □

Herrerista: Que pertenece al sector del "herrerismo", dentro del Partido Nacional o Blanco.

Jorgista: Que pertenece al sector de Jorge Batlle, político muy cuestionado del Partido Colorado.

Majuga: Pescadito pequeño de mar.

Mojarra: Pescadito pequeño de río.

Aves: En la jerga popular montevideana, se utiliza para denominar a los avivados, a los corruptos.

Patos: Tanto en el interior de Uruguay como en Montevideo, se utiliza para denominar a los que no tienen dinero.

Carpinchos: También conocido como Capibara, es un mamífero típico de algunos ríos uruguayos. Su caza indiscriminada ha hecho que en la actualidad sea un animal en peligro de extinción.

Mulitas: Animal semejante al tatú, cuya caparazón se utiliza para realizar el instrumento musical conocido como charango. Su carne es muy codiciada por lo sabrosa.

Verso: En la jerga popular montevideana, mentira.

Verdes: Dólares.

Hacer mandados: Ir a comprar los productos necesarios para la casa.

Montaraces: Quienes viven en los montes.

Frente Amplio o Frente: Coalición que reúne la mayoría de los partidos y movimientos de izquierda.

PIT - CNT: Plenario Intersindical de Trabajadores - Confederación Nacional de Trabajadores. Es la central única de trabajadores de Uruguay.

CALNU, CALPICA, CALVINOR, CALAGUA: Empresas que, constituidas como cooperativas, se dedican a la producción de azúcar, vinos de calidad y otros productos en el norte uruguayo.

BPS: Banco de Previsión Social. Institución estatal encargada de seguridad social y jubilaciones.

AFE: Administración de Ferrocarriles del Estado. Empresa estatal que administra los ferrocarriles.

BHU: Banco Hipotecario del Uruguay: Institución bancaria del Estado, encargada de brindar financiamiento para adquirir o construir vivienda.

Intendencia: Gobierno departamental.

IMT: Intendencia Municipal de Tacuarembó.

COFAC: Institución financiera.

INAME: Instituto Nacional del Menor. □

UTU: Universidad del Trabajo del Uruguay. Institución de enseñanza técnica.

BROU: Banco de la República Oriental del Uruguay.

ANCAP: Administración Nacional de Combustible, Alcohol y Portland. Ente estatal encargado del refinamiento del petróleo entre otras actividades productivas y económicas.

PREMIO LATINOAMERICANO DE PERIODISMO JOSE MARTI 1990

Acta del Jurado

El Jurado del V Premio Latinoamericano de Periodismo José Martí 1990 después de considerar los 559 trabajos que fueron aceptados para competir, provenientes de 16 países y 79 medios de comunicación, decidió otorgar los tres premios, de igual jerarquía, establecidos en las bases, así como una mención especial y cuatro menciones simples de la siguiente manera:

Los periodistas Kintto Enrique Lucas, Astrid Elena Villegas e Irene Selser de Uruguay, Colombia y Nicaragua respectivamente, como acreedores a los tres premios.

Kintto Lucas por su trabajo sobre las arroceras del Paso Pereira en Uruguay, publicado en la revista Mate Amargo de Montevideo, en noviembre de 1989.

Lucas relata las condiciones de vida y de trabajo de decenas de migrantes ilegales del Brasil hacia Uruguay. Su publicación es una síntesis del fenómeno de las migraciones laborales que se dan entre los países de nuestro continente, cuando miles de personas se ven forzadas a abandonar su tierra en busca de un trabajo para sobrevivir y terminan siendo sobre - explotados en su calidad de indocumentados en los países que los reciben.

Astrid Elena Villegas por su reportaje "Los que nunca volvieron", publicado el 6 de mayo de 1990 en el diario La Prensa de Bogotá, Colombia.

La periodista hace una dramática denuncia sobre el Éxodo de campesinos a raíz de la situación de violencia que vive su país.

A Irene Selser por su artículo en el diario Barricada de Nicaragua titulado "Vuelven los estereotipos y la inversión de valores", que apareció el 3 de mayo de 1990.

La periodista argentino - nicaragüense hace una descripción de las transformaciones que en la vida cotidiana de su país, empezaron a ocurrir con el cambio de poder.

Dentro de los materiales analizados emergió uno de los hechos que más conmocionó al continente en 1989: la invasión de Estados Unidos a Panamá, acontecimiento que recogió con gran rigor periodístico la mexicana Lucía Luna en la revista Proceso, para quien el jurado concedió una mención especial.

Las cuatro menciones del certamen fueron otorgadas de la siguiente manera:

Jorge Enrique Botero de Colombia por su testimonio "Sentado allí en el vértice del miedo, publicado en la revista Cuba Internacional. Botero narra su experiencia cuando intentó en diciembre pasado ingresar a El Salvador para cubrir el conflicto bélico y fue detenido por llevar un sello cubano en su pasaporte.

La uruguaya Carina Gobbi obtuvo mención por su artículo "Los cinco sentidos de una maestra" publicado en el semanario Brecha de Uruguay, en el que describe con excepcional estilo las condiciones de la enseñanza pública en las zonas marginales de su país.

Elsa Úrsula Picún de Perú por su trabajo "Golpe a golpe", acerca de los niños maltratados, publicado en Página Uno Lima y una elaborada crítica del diario La República sobre los efectos de la guerra civil que se libra en el país andino.

El periodista Jorge Luis Ubertalli por su trabajo "Dios y el diablo en la tierra del sol" publicado en la revista Crisis de Argentina, sobre las campañas de las sectas religiosas fundamentalistas en las comunidades indígenas.

Los miembros del jurado consideran además de la gran variedad temática y el calificado nivel general de los materiales presentados, que los tres premios y las cinco menciones representan la calidad del periodismo que se está ejerciendo en América Latina y reflejan los diversos y complejos problemas que vive nuestro continente.

Juan Pablo Cárdenas, Juan Manuel Roca, Ramón Jimeno, Juan Bolívar Díaz, Alicia Herrera, Francisco Juliao, José Antonio Portuondo, Guillermo Cabrera, Raimundo Riva Palacio, Carlos Morales, Saúl Ibargoyen.

La Habana, Julio de 1990

KINTTO LUCAS

Escritor y periodista uruguayo - ecuatoriano. Máster en Estudios Avanzados en Literatura Española e Hispanoamericana por la Universidad de Barcelona. Premio Latinoamericano de Periodismo José Martí 1990. Vicecanciller de Ecuador, 2010 - 2012. Embajador Itinerante de Uruguay para UNASUR, CELAC, ALBA y la Integración, 2013. Pluma de la Dignidad de la Unión Nacional de Periodistas del Ecuador 2004.

Fue docente de periodismo y de actualidad política y geopolítica y conferencista en diversas universidades, instituciones estatales y organismos internacionales. Asesor de la Asamblea Constituyente de Ecuador, 2008. Fue director y editor de diversos periódicos y revistas, corresponsal de la Agencia Inter Press Service y ha escrito para diversos medios latinoamericanos y europeos. Recibió la Condecoración al Mérito en el Grado de Gran Cruz del Gobierno de Perú y el Botón de Oro Ho Chi Minh de Vietnam.

Algunos de sus libros son: Rebeliones indígenas y Negras en América Latina; Mujeres del Siglo XX; La rebelión de los indios (en inglés con el título We Will Not Dance on Our Grandparent's Tombs. Indigenous uprisings in Ecuador); Plan Colombia. La paz armada; El movimiento indígena y las acrobacias del coronel; Con sabor a gol - fútbol y periodismo - ;

Rafael Correa: Un extraño en Carondelet; La guerra en casa –De Reyes a la Base de Manta - ; Tal Cual Es - el camino de José Mujica a la presidencia; El arca de la realidad –de la cultura del silencio a wikileaks - ; Retratos Escritos; Ecuador Cara y Cruz: del levantamiento del noventa a la Revolución Ciudadana (Tres Tomos), Enrique Lucas y una pregunta para Pessoa, Scheherazade y otros relatos, El Naufragio de la Humanidad / O Naufrágio da Humanidade, José "Pepe" Mujica I labirinti della vita y Realidades y Ficciones. Sobre libros, escritores y lectores.

9 781790 878208